Ursula Herrmann | Wolfgang Berke

RUND UM DEN HUND

Das Rätselbuch

für Hundefans

Wartberg Verlag

Bildnachweis

Adobe Stock:
evarin20: Umschlag, S. 3; ©ochikosan: S. 4/5 (Hintergrund); ©zolotons: S. 8/9 (Hintergrund); nenilkime S. 8/9 (Vordergrund alle), 51 (alle); ©Style-o-Mat: S. 16/17; Sergii: S. 20 (1b), 21 (5a); jagodka: S. 20 (2a), 21 (8a), 30 (6), 58 (3); ekim: S. 20 (3b); awatch: S. 20 (4); fizkes: S. 21 (6a); GB_Art: S. 21 (6b); bubululu: S. 21 (9a); Rido: S. 21 (9b); Eric Isselée: S. 22, 23, 55; anhut: S. 24 (1), 25 (2), 56 (3, 5); metelsky25: S. 24 (2), 56 (1); fotomek: S. 24 (3), 56 (2); GraphicsRF: S. 25 (1), S. 56 (4); newb1: S. 25 (4), S. 56 (7); ohne Autorenangabe: S. 26/27 (Hintergrund); CallallooAlexis: S. 30 (1), 58 (2); sanya_zx9r: S. 30 (2), 58 (5); Tanya: S. 30 (3), 58 (1); Kate: S. 30 (4), 58 (4); otsphoto: S. 30 (5), 58 (6); byrdyak: S. 34; 1stGallery: S. 36/37 (Hintergrund); Blumer1979: S. 38 (1); werni: S. 38 (5); shishiga: S. 38 (7), 39 (6); Nazariy: S. 38 (11); nd700: S, 38 (13); Luciano Mortula-LGM: S. 38 (17); vladimirfloyd: S. 38 (19), 169169: S. 38 (20); ©jimcumming88: S. 39 (1); rustamir: S. 39 (3); Africa Studio: S. 42/43 (alle), 61 (alle); svetlanistaya: S. 45, 62 (1); Javier brosch: S. 49.

Martina Lengers:
Grafiken S. 46/47, 62 (2).

picture alliance:
Newscom / Kathy Hutchins: S. 10 (2); Everett Collection / ©Walt Disney Co.: S. 12 (2); Everett Collection: S. 13 (2); MPI04/MediaPunch: S. 27; Liszt Collection: S. 32 (1); akg-images: S. 32 (2), S. 32 (5); Artcolor / A. Koch: S. 33 (1); Heritage Images/Fine Arts Images: S. 33 (2); Heritage Art / Heritage Images / Rembrandt Harmensz van Rijn: S. 33 (3).

Pixabay:
S. 20 (1a, 2b, 3a), S. 21 (5b, 7a, 7b, 8b), 25 (3, 5), S. 28/29 (Hintergrund), S. 38 (2, 3, 4, 6, 8, 9, 10, 12, 14, 15, 16, 18), S. 39 (2, 4, 5, 7, 8, 9, 10), S. 56 (6, 8).

ullstein bild:
Rex Features / Shutterstock: S. 10 (1); United Archives: S. 12 (1), 13 (1, 3), 18, 19 (1, 2, 4, 5); United Archives / kpa: S. 12 (3); United Archives / PictureLux / T: S. 12 (4); Reinhard-Archiv: S. 15 (3); ullstein bild: S. 15 (6), S. 52; RDB: S. 19 (3); United Archives / PictureLux / D: S. 19 (6); imageBROKER / Martin Siepmann: S. 19 (7); Alinari Archives: S. 32 (3); Heritage Images / Heritage Art: S. 32 (4); Becker & Bredel: S. 54 (1), Rex Features / Jim Smeal/BEI Shutterstock: S. 54 (2), TopFoto: S. 54 (3), Rex Features/Pete Souza Shutterstock: S. 54 (4); Peter Timm: S. 57.

Wikimedia Commons:
Parzi basing on Stfrancis.jpg from WikiCommons gemeinfrei, curid=1157600: S. 15 (1); Pacific11, CC BY 2.0, via Wikimedia Commons.: S. 15 (2); Karl Joseph Stieler, Public domain, via Wikimedia Commons: S. 15 (4); Angela George, CC BY-SA 3.0, via Wikimedia Commons: S. 15 (5); William P. Gottlieb, Public domain, via Wikimedia Commons: S. 15 (7); Bundesarchiv, B 145 Bild-F015892-0010 / Ludwig Wegmann / Beschreibung deutscher Fotograf Normdatei : Q109374788 VIAF: 18152501139410682865 GND: 1156657059 creator QS:P170,Q109374788 / CC-BY-SA, CC BY-SA 3.0 DE, via Wikimedia Commons: S. 15 (8); Heinz-Josef Lücking, CC BY-SA 3.0 DE, via Wikimedia Commons S. 39 (11).

Impressum

1. Auflage 2022

Redaktion: Ursula Herrmann, Wolfgang Berke
Layout und Satz: Medienbüro Ruhr
Umschlaggestaltung: r2 | Ravenstein, Verden
Druck: Druck- und Verlagshaus Thiele & Schwarz GmbH, Kassel

34281 Gudensberg-Gleichen
Im Wiesental 1
Telefon: 056 03/9 30 50
www.wartberg-verlag.de

ISBN: 978-3-8313-3343-1

RUND UM DEN HUND

Weit mehr als zehn Millionen bundesdeutsche Haushalte sind auf den Hund gekommen. Gehören auch Sie – genauso wie wir – zu den Fans dieser vierbeinigen Artgenossen? Wenn ja, dann wissen Sie, dass diese immer wieder für jede Menge Spaß und Unterhaltung, aber auch für viele Fragen und Rätsel sorgen. Das ist auch in diesem Buch nicht anders.

In Kreuzwort-, Silben- und Bilderrätseln, mit Quizfragen und vielfältigen Knobeleien dreht sich hier alles um das Thema „Hund“. Es geht um unsere tierischen Stars in Film und Fernsehen, in der Musik, in der Kunst, im Comic, in Redewendungen und in Zitaten. Und es geht um Wissensfragen. Wie heißt eigentlich der Höllenhund? Und wer ist Jiffpom? Warum wedelt der Hundeschwanz mal nach links und mal nach rechts? Wie heißen die Körperteile eines Hundes, wie der erste Hund im Weltall und wie der sprechende Hund bei Loriot?
In diesem Buch können Sie Ihr allumfassendes, buntes Hundewissen unter Beweis stellen. Und wenn Sie mal nicht weiterwissen:
Ab Seite 49 finden Sie zu allen Rätseln die Lösung.

Wir wünschen viel Vergnügen und etliche erbellende, äh ... erhellende Momente!

Ursula Herrmann   Wolfgang Berke

AUF DEN HUND GEKOMMEN

Waagerecht:

1) Schwer zu überwindende innere Hunderasse
9) Er ist das Markenzeichen der Hush Puppies
11) Bestechen beim Karten- und beim Tennisspiel
14) Korb zum Fischfang
15) So nennt man auch den dicken Bauch
16) Anfänglich nachsichtige Regeln für die Kleinen
20) Findet sich in Hast und Rast
21) Der Wolf der Lateiner
24) Ein Hundeschwanz ist hier etwas durcheinandergeraten
25) Das führen Segeberger im Schilde
26) Werden von Polizeihunden erschnüffelt
29) Vorsilblich neu
30) Tongeschlecht, macht große(n) Terz
31) In England ist es dunkel
32) Hindert Hunde am Beißen und Menschen am Reden
33) Zittert als Pappel
35) Beim Spiel mit ihm heißt es: „Pass auf!"
37) Wer sich etwas eingebrockt hat, soll es auch ausbaden
38) Oftmals vor Gericht Geschworene
40) So ist Fiffi, wenn er brav ist
42) Große Raubkatze
43) Wer so den Hund benennt, sich nicht als Freund bekennt
44) So ist, was geschlossen wurde
46) Einer der beiden Römer, die von der Wölfin gesäugt wurden
47) Klein wird hier ganz klein geschrieben
48) In Zukunft ist in so
50) Wenn der Hund aufs Sofa darf, bleiben sie hängen
52) Längster Fluss der Erde
53) Zwei davon passen in ein Schnapsglas
54) An sie genommen: kein Entkommen
55) Er ist bekannt wie ein bunter Hund
56) Er geht mit dem Ufo auf Reisen
58) Auf die Schnelle: schnell
61) Kater-Kumpel von Jerry
62) Bei ihr geht es festlich zu
63) Jetzt geht es heiß her
64) Jagdhund des Odysseus
68) Weintraubenpflücken
69) Geworfen, geholt und wieder geworfen

Senkrecht:

1) Er wedelt auch ohne Skier
2) In Kindermund heißt's doppelt: Hund
3) Hier raucht ein Fabrikschornstein
4) Hier kommen Neuigkeiten
5) Griechischer Buchstabe zwischen Zeta und Theta
6) Bei ihm geht es nicht um die Wurst, sondern um den Schinken (engl.)
7) Duftet göttlich in derAchselhöhle
8) Wenn Hunde futtern, dann aus ihm
9) Sprichwörtliches Ausschlussverfahren des Beißens
10) Ein alter Herr kommt kurz daher
12) Die Fährte ist aufgenommen
13) English or Irish? Hauptsache Vorstehhund
17) Faust erkannte seinen wahren Kern
18) Öffentlich-rechtliche Abgabe für Vierbeiner
19) Plagegeister im Fell
22) So ist, wer dafür ist
23) Wachhund der griechischen Unterwelt
27) Erleuchteter: auf seine Weise weise
28) Wer so geht, der muss mal
30) Pinscher-Schäferhund-Kreuzung
34) Wasserstandsanzeiger
35) Kommando: Hinsetzen!
36) Hier finden Mops & Co. Asyl
38) Kleine Europäische Gemeinschaft
39) Handgriff und Kniff
40) Bibelteil
41) Von Huskies Gezogener
45) Oft vergebener Hundename: der Hübsche
47) Nach ihm giert die Hundeseele (und der Hundemagen)
48) Hier finden nur sehr kleine Hündchen ihren Platz
49) Kommando: Hinlegen!
51) Ein ganzes Zeitalter
55) Erster Langhaarcollie-Darsteller der Lassie-Filme, wie der Kumpel auf Englisch
57) Räumlich ziemlich knapp bemessen
59) Hier geht's zum Ausverkauf
60) Wenn der Hund ins Bein beißt, ist auch sie die Leidtragende
65) Gibt dem Kontra kontra
66) Von oben ganz gut, von unten kaputt
67) Länderkennzeichen der Eidgenossen

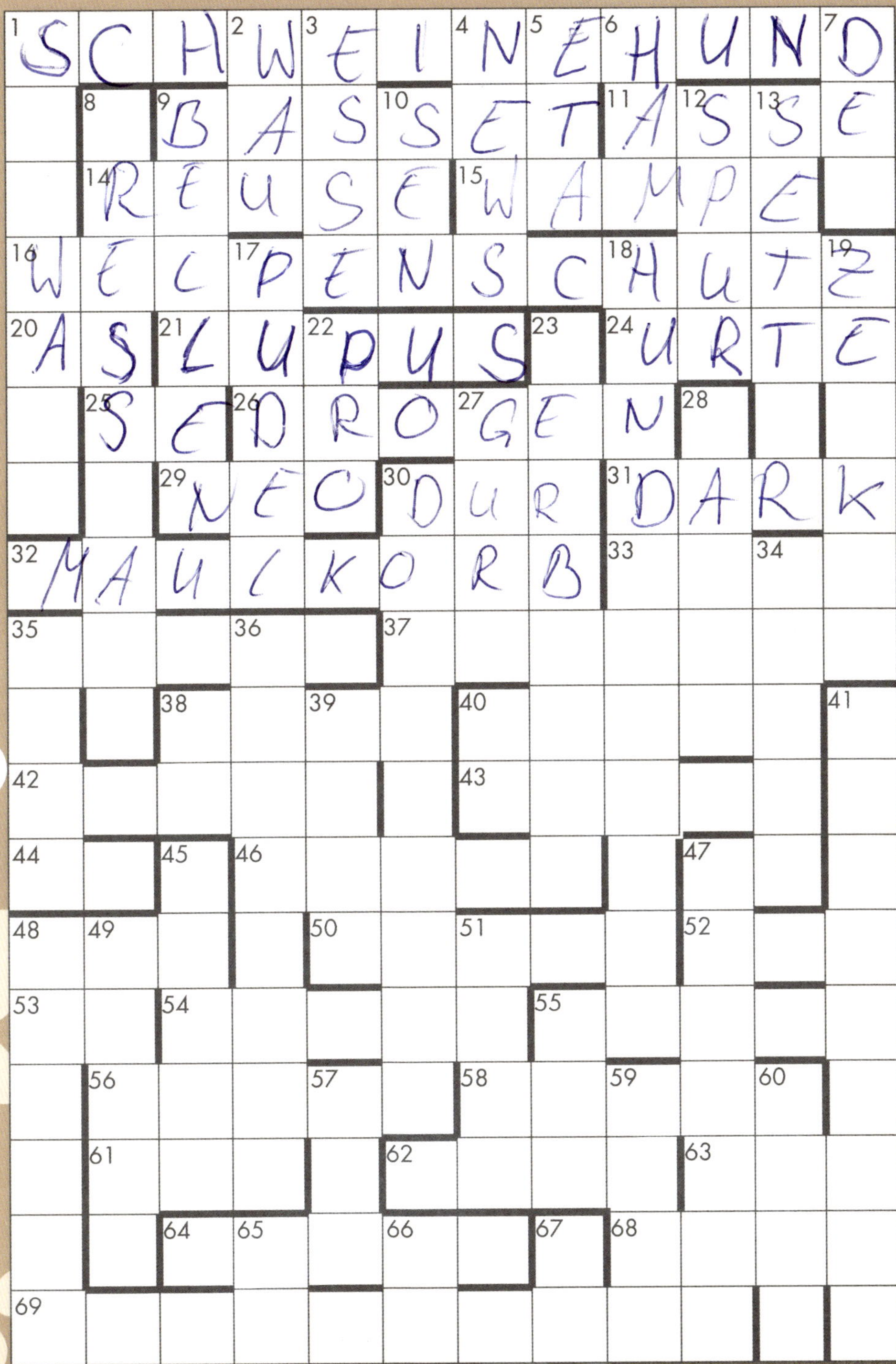

Auflösung auf Seite 50

WAHR ODER UNWAHR?

Über Hunde und Hundefreunde gibt es ungewöhnliche Geschichten und manche Fakten scheinen unglaublich. Manchmal weiß man nicht mehr, ob sie nun stimmen oder nicht. Welche der angeführten Dinge sind wahr und wo haben sich kleine Unwahrheiten eingeschlichen?

1 Bernhardiner sind vor allem als lebensrettende Lawinenhunde bekannt geworden. Allen voran Barry, dem nachgesagt wird, mindestens 40 Menschen auf dem Großen St. Bernhard in den Schweizer Bergen das Leben gerettet zu haben. Immer mit dabei: das Fässchen Rum, das Barry um den Hals trug, um den Lawinenopfern als Erstes ein wärmendes Schlückchen Schnaps kredenzen zu können.

2 Natürlich darf auch ein *Tag des Hundes* nicht fehlen. Während der internationale Verband FCI (Fédération Cynologique Internationale) den Welttag des Hundes jährlich am 11. November feiert, legt der VDH, der Verband für das Deutsche Hundewesen, seinen Feiertag in der Regel auf einen Sonntag in der ersten Junihälfte, da der 11.11. in Deutschland traditionell von den Karnevalisten belegt ist. Schließlich soll der Feiertag für Hundefreunde nicht mit dem närrischen Treiben kollidieren.

3 Von 2014 bis 2018 hatte der kleine Ort Cormorant in Minnesota den wohl ungewöhnlichsten Bürgermeister der USA: Der Pyrenäenberghund Duke vertrat die Gemeinde als gewählter Bürgermeister ehrenhalber unter anderem bei Paraden, offiziellen Anlässen und in TV-Beiträgen. Nachdem sich der überaus populäre Vierbeiner vom aktiven politischen Leben zurückgezogen hatte, konnte er sein Privatleben aber nur noch kurze Zeit genießen. 2019 musste Cormorant sich von Duke endgültig verabschieden.

4 Wie ernährt man seinen Hund am besten? Die einen schwören auf Fertigfutter, die anderen bevorzugen das „barfen“. Bei der Rohfuttermethode *BARF* werden frisches oder tiefgekühltes Fleisch, Knochen, Innereien und Fisch durch Obst und Gemüde ergänzt und frisch verfüttert. Der Begriff kommt von dem englischen Wort „to barf“, das im Deutschen so viel bedeutet wie sich übergeben, kotzen.

5 Mit einem Bestand von mehr als 10 Millionen im Jahr 2020 sind Hunde in Deutschland die beliebtesten und häufigsten Haustiere. Bei etwas mehr als 40 Millionen Haushalten gibt es also rechnerisch in jedem vierten Haushalt einen Hund. Dahinter liegen die Hauskatzen mit knapp 9 Millionen auf Rang 2, gefolgt von knapp 2 Millionen Ziervögeln.

6 Mehr als drei Jahrzehnte lang (von 1955 bis 1958 und von 1961 bis 1989) gehörte das Quiz *Was bin ich?* mit Robert Lembke zu den beliebtesten Sendungen im deutschen Fernsehen. Quizmaster Lembke nahm seit 1956 seinen Foxterrier Struppi als Maskottchen in die Sendung mit, der die Fünf-Mark-Stücke bewachen sollte. Dabei machte es sich Struppi auf einem separaten Tisch neben Lembke bequem. Nach dem Tod des Hundes 1959 wurde Jacky sein Nachfolger, der bis Dezember 1968 dabei war. Ab diesem Zeitpunkt nahm Lembke keinen Hund mehr mit ins Studio.

7 Drückt es immer Freude aus, wenn ein Hund mit dem Schwanz wedelt? Nicht unbedingt, meinen italienische Forscher, die in einer Studie herausgefunden haben, dass die Richtung, in der ein Hund wedelt, eine entscheidende Bedeutung hat. Nach den Forschungsergebnissen, die bislang nicht widerlegt sind, wedelt ein Hund nach rechts, wenn er damit positive Gefühle ausdrücken will. Ist das Schwanzwedeln hingegen nach links ausgerichtet, vermittelt er damit negativen Stress. Der Grund: Wie beim Menschen auch arbeiten linke und rechte Gehirnhälfte über Kreuz mit der jeweiligen Körperhälfte. Die rechte Gehirnhälfte ist mit der linken Körperhälfte verbunden und wird aktiv, wenn der Hund negative Gefühle empfindet. Genau umgekehrt ist es bei der linken Gehirnhälfte: Sie ist für die positiven Gefühle zuständig.

8 Hundenasen sind empfindlich: Der Geruchsinn von Hunden ist etwa 10 000-mal stärker als der menschliche. Hunde können sogar Krankheiten riechen. Sie können erschnüffeln, ob ein Patient an Krebs erkrankt ist oder bei einem Diabetiker erkennen, wann der Insulingehalt im Körper des Menschen sinkt.

Wahr:

○ ○ ○ ○ ○ ○

Unwahr:

1 2 ○ ○ ○ ○

Auflösung auf Seite 50

SCHATTENSPIELE

Nanu – welcher Hund kommt denn da um die Ecke?
Erkennen Sie die Rasse anhand ihrer Silhouette?

1

SPITZ

2

JACK RUSSEL

3

PUDEL

4

BASSET

5

Dalmatiner

6

Rottweiler

Basset
Bullterrier
Dackel
Dalmatiner
Deutscher Schäferhund
Dobermann
Foxterrier
Jack Russell
Labrador Retriever
Pudel
Rottweiler
Spitz

Auflösung auf Seite 51

HÄTTEN SIE'S GEWUSST?

1. Kerberos oder auch Zerberus ist in der griechischen Mythologie ein mehrköpfiger Höllenhund, der die Unterwelt bewacht. Er passt auf, dass kein Unbefugter in den Hades hineinkommt und dass vor allem niemand mehr herauskommen kann. Es gab jedoch etwas, das den wütenden Wächter besänftigen konnte und den Weg frei machte.

A - Gold und Silber

B - Milch der heiligen Kühe des Zeus

C - Musik und Gesang

D - ein Haar der Sphinx

3. Es gab mal eine Zeit, da konnte man an allen Ecken und Enden beobachten wie aus langen Luftballons kleine Hunde geknotet wurden. Bestimmt können Sie sich daran erinnern. Aber kennen Sie auch diesen Knoten-Pudel-Dackel? Der ist ein Kunstwerk und kostet etwas mehr als einen alten Luftballon. Welche*r bekannte Künstler*in hat ihn erschaffen?

A - Damien Hirst **B** - Jeff Koons

C - Niki de Saint Phalle **D** - Christo

2. Ein Hund mit Instagram-Account? Keine Seltenheit! Und oftmals haben die Vierbeiner wesentlich mehr Follower als ihre Herrchen. An allererster Stelle ist hier wohl Jiffpom zu nennen. Was denken Sie: Wie viele Follower hat der kleine Kerl auf Instagram (Stand Anfang 2022)?

A - ca. 10000 **B** - ca. 100000

C - ca. 1 Million **D** - ca. 10 Millionen

4. *Der sprechende Hund* ist einer der bekantesten Sketche Loriots. Dabei sitzt Tiertrainer Dr. Sommer im Fernsehinterview und führt die Sprachfähigkeit seines Hundes Bello vor. Da Bello außer rhythmischen Oh-Oh-Oh-Ohs und gelegentlichen Furzgeräuschen nichts weiter hinbekommt, lässt Sommer ihn nur sehr spezielle Sätze nachsprechen. Welcher gehört nicht zu dem Sketch?

A - *„Otto holt große, rote Rosen"*

B - *„Neun Nonnen holen Kohlen zum Kohlenofen"*

C - *„Herr Otto Mohl fühlt sich unwohl am Pol ohne Atomstrom"*

D - *„Am Sonntagmorgen kommt der Großmogul nach Rom"*

5. Hunde sind nicht unbedingt darauf spezialisiert, Farben zu erkennen. Kann ein Hund überhaupt Farben sehen? Wenn ja, welche Farben sind für Hunde gut sichtbar?

A - Blau, Gelb, Grün

B - Blau, Rot, Gelb

C - Blau, Rot, Violett

D - Keine, Hunde sind farbenblind

7. Ja, auch Adolf Hitler hatte einen Hund. Natürlich einen Deutschen Schäferhund. Am 30. April 1945 hat er ihn mit Gift getötet, kurz bevor er und Eva Braun Selbstmord begingen. Wie hieß der Hund Hitlers?

A - Eva **B** - Blondi

C - Rex **D** - Hasso

9. *„ottos mops trotzt*
otto: fort mops fort
ottos mops hopst fort."

Mit diesen kuriosen Reimen beginnt das 1970 erstmals veröffentlichte heitere Gedicht *ottos mops.* Es besteht aus drei Strophen mit insgesamt 14 Versen, in denen nur Wörter mit „o" vorkommen. Von wem ist dieses Gedicht?

A - Loriot

B - Ernst Jandl

C - Otto Waalkes

D - Joachim Ringelnatz

6. Wird der Name für den Hund nach dem Charakter des Tieres ausgesucht? Wohl eher nicht, denn jedes Jahr gibt es neue Modetrends, die deutliche Favoriten im Hundenamen-Rankinghervorbringen. Was denken Sie: Was waren die beliebtesten Namen für Hündinnen und Rüden im Jahr 2021?

A - Bella und Buddy

B - Nala und Milo

C - Luna und Balu

D - Emma und Rocky

8. 2005 gelang es südkoreanischen Gentechnikern zum ersten Mal, einen Hund zu klonen. Nach dem bekannten Schaf Dolly war nun ein afghanischer Windhund an der Reihe. Er stammte aus einer Hautzelle, die seinem Vater aus dem Ohr entnommen wurde. Der Klonhund war sogar einige Jahre später in der Lage, sich fortzupflanzen. Wie hieß dieser?

A - Frankenstein **B** - Snuppy

C - Snoopy **D** - Klonkly

10. Eine russische Straßenhündin war das erste Lebewesen im Orbit. Ihren Flug im Rahmen der Mission Sputnik 2 überlebte Laika aber leider nicht.
In welchem Jahr flog Laika ins All?

A - 1957 **B** - 1959

C - 1962 **D** - 1973

1. . . . . **2.** . . . . **3.** . . . . **4.** . . . .

5. . . . . **6.** . . . . **7.** . . . .

8. . . . . **9.** . . . . **10.** . . . .

Auflösung auf Seite 52

WUFF UND WAU IN KINO UND TV

1 Wem ist die treue Hundeseele **Lassie** kein Begriff? Bereits 1943 kam der erste Lassie-Film in die Kinos. Es folgten viele weitere Verfilmungen und Fernsehserien und selbst 2020 gab es noch einen neuen Lassie-Film. Auch auf dem Hollywood Walk of Fame ist dem Langhaarcollie ein Stern gewidmet. Bei uns lief die Serie von 1954 bis 1973. Fast 20 Jahre lang rettete Lassie wechselnde Herrchen aus allerlei verzwickten Situationen.
Wie hieß der nette kleine Junge im Bild (Vorname)?

2 Der Disney-Animationsfilm ***Bolt – Ein Hund für alle Fälle*** erzählt die Geschichte eines Hundes, der in einer Fernsehshow als Superheld auftritt und irgendwann erkennen muss, dass er nicht wirklich über Superkräfte verfügt. Eine alte Katze und ein fernsehbesessener Hamster helfen ihm, damit klarzukommen und alle Widrigkeiten des normalen Hundelebens gut zu überstehen. In der deutschen Fassung verleiht Christian Tramnitz Bolt seine Stimme. **Welcher bekannte Hollywood-Schauspieler ist die Bolt-Synchronstimme in der Originalassung (Vorname/Nachname)?**

3 Rex ist Polizeihund in Wien und Star der österreichischen Fernsehserie ***Kommissar Rex.*** Der deutsche Schäferhund ist stets Mittelpunkt der Handlung und hilft, mit seinem ausgeprägten Spürsinn die vertracktesten Fälle zu lösen. Rex erlebt in der Serie mehrere Einsatzleiter. In der ersten Staffel lebt er bei Kriminalinspektor Moser, gespielt von Tobias Moretti (Bild). Rex ist allerdings nur der Rufname des Hundes.
Wie lautet sein kompletter Name (3 Wörter)?

4 2008 kam der Film ***Marley und ich*** in die Kinos. Im Mittelpunkt: Hund Marley und seine überraschenden Eskapaden. Journalist Michael Grogan hatte den süßen kleinen Welpen seiner Frau Jennifer zum Geburtstag geschenkt. Im Laufe der Zeit wächst Marley zu einem 45 Kilogramm schweren Tier heran und ist aus der Familie nicht mehr wegzudenken.
Welche bekannte Schauspielerin spielt in dem Film die Rolle der Jennifer (Vorname/Nachname)?

5 Bereits 1961 erschien der Zeichentrickfilm ***101 Dalmatiner***. 1996 wurde das Thema dann erneut verfilmt – diesmal mit echten Hunden und Glenn Close in einer der Hauptrollen. Der Inhalt: Roger lernt die hübsche Anita kennen und lieben. Er besitzt einen Dalmatinerrüden, sie die Dalmatinerdame Perdi. Auch die Hunde kommen bestens miteinander aus und sorgen schnell für viele kleine gefleckte Welpen. Denen will die böse Cruella ans Fell, um sie zu schicken Mänteln verarbeiten zu lassen.
Wie heißt der Dalmatinerrüde und Perdi-Partner in dem Film?

6

Rin Tin Tin war ein Deutscher Schäferhund und tierischer Hollywoodstar der 1920er-Jahre. Der Hund verstarb 1932 in Los Angeles. Sein filmisches Leben ging aber weiter und wurde als erste amerikanische Serie ab 1956 im deutschen Fernsehen ausgestrahlt. Die Western-Serie dreht sich um den Waisenjungen Rusty, der nach einem Indianerüberfall mit seinem Hund allein bei den Truppen in einem Fort lebt. **Wie heißt dieses Fort?**

7 Ein kleiner bezaubernder Welpe flüchtet sich in dem Film ***Ein Hund Namens Beethoven*** in eine Familie. Dort sorgt er für jede Mange Klamauk und wächst im Laufe der Zeit zu einem sabbernden, 83 Kilogramm schweren Bernhardiner heran. Als er zur Zielscheibe für Tierversuche werden soll, überwindet Familienvater George seine anfängliche Abneigung und legt sich ordentlich für Beethoven ins Zeug. Ende gut, alles gut.
Wie lautet der Name der Familie?

Die gesuchten Begriffe und Namen lassen sich mit diesen Silben finden:

A – A – CHE – FER – GI – GO
HORST – JEN – JOHN – MY
NALD – NEW – NI – NIS – PA
PON – RA – RE – TIM – TA – TON
TON – TRA – VEN – VOL – VON

1. ....

2. ....

3. ....

4. ....

5. ....

6. ....

7. ....

Auflösung auf Seite 53

WER HAT'S GESAGT?

Etliche prominente Persönlichkeiten haben sich Gedanken zu ihren Mitmenschen und deren Umgang mit Hunden gemacht. Hier sind acht Erkenntnisse, die dem Hund die besseren Charaktereigenschaften bescheinigen. Können Sie die Zitate zuordnen?

1. Wenn man sehr betrübt ist, gibt einem die stille, hingebungsvolle Gesellschaft eines Hundes etwas, was man nirgendwo anders herbekommt.

2. Der eigene Hund macht keinen Lärm – er bellt nur.

3. Hunde beißen mich nie. Nur Menschen.

4. Die einzigen Geschöpfe, die weit genug entwickelt sind, um reine Liebe auszudrücken, sind Hunde und Kleinkinder.

5. Dass mir mein Hund das Liebste sei, sagst du, oh Mensch, sei Sünde, doch mein Hund bleibt mir im Sturme treu, der Mensch nicht mal im Winde.

6. Je mehr ich über den Menschen weiß, desto mehr liebe ich Hunde.

7. Dem Hunde, wenn er gut gezogen, wird selbst ein weiser Mann gewogen.

8. Möpse sind mit Hunden nicht zu vergleichen. Sie vereinigen die Vorzüge von Kindern, Katzen, Fröschen und Mäusen.

Franz von Assisi

Loriot

Marilyn Monroe

Johann Wolfgang
von Goethe

Johnny Depp

Kurt Tucholsky

Doris Day

Charles de Gaulle

1: . . . .

2: . . . .

3: . . . .

4: . . . .

5: . . . .

6: . . . .

7: . . . .

8: . . . .

Auflösung auf Seite 53

HUND SUCHT HERRCHEN

Die Hunde der Promis! Oftmals wird ihnen genau so viel Medienaufmerksamkeit entgegengebracht wie ihren berühmten Besitzern. Sechs von ihnen stellen sich hier vor. Können Sie den Hunden ihren Herrchen und Frauchen zuordnen?

Daisy

Hallo, ich bin Daisy. Ich bin ein Yorkshire Terrier. Meist habt ihr mich mit einer Schleife auf dem Kopf gesehen. Auch mein Herrchen, den man seit den 80er-Jahren als exzentrischen Modeschöpfer kannte, trug immer etwas auf dem Kopf: eine schwarze, ziemlich auffällige Perücke. Wenn die Presse kam, waren meistens seine Mutter und auch ich dabei, sodass ich sagen kann, dass auch ich irgendwie berühmt war. Wir hatten eine eigene Boutique in der Münchner Maximilianstraße, in der viele Promis einkauften. Auch im Fernsehen waren wir ab und an zu sehen. 2005 war dann Schluss: Herrchen wurde hinterhältig von einem Stricher ermordet. Ich selbst lebte danach noch ein Jahr lang bei seinem Chauffeur.

Tinkerbell

Ich heiße Tinkerbell, werde liebevoll aber oft auch Tinky genannt. Ich bin ein Chihuahua, was ganz praktisch ist, denn mein Frauchen trug mich gerne auf dem Arm oder aber auch in ihrer Handtasche spazieren. Leider nur bis 2015, denn dann bin ich verstorben. Mein Frauchen kennt fast jeder aus den Klatschspalten der einschlägigen Magazine. Wenn es um die Medienwirksamkeit ging, war sie sich für keinen Skandal zu schade. Sie ist ganz hübsch. Ob sie auch klug ist? Wer weiß? Immerhin hat sie 2004 den World Stupidity Award als „Dümmste Frau des Jahres“ verliehen bekommen. Zumindest aber ist sie superreich, denn ihrer Familie gehört eine der größten Hotelketten der Welt. Sie heißt mit Vornamen übrigens so, wie eine europäische Hauptstadt.

Emma

Ich bin Emma und ein Australian-Shepherd-Mix. Ich bin die Nachfolgerin von Mina, die bestimmt auch viele von euch kennen. Mein Herrchen kannte sich wie kaum ein anderer aus mit uns Hunden! Jahrelang hat er im Fernsehen gute Ratschläge verteilt, wie andere Hundebesitzer mit ihren Fellnasen zurechtkommen sollen. Trotzdem kam er am Anfang mit mir nicht so richtig klar. „Sie hat gar nicht in mein Leben gepasst“, hat er mal gesagt. Ja, so ist das: Anderen gute Ratschläge geben ... Letztlich haben wir dann aber doch noch zusammengefunden.

ODER FRAUCHEN

Bo
Mein Name ist Bo. Was kaum einer weiß: Ich bin ein Portugiesischer Wasserhund. Acht Jahre lang durfte ich in einem großen weißen Haus leben. Man könnte sagen: Ich war der „First Dog". Aber nur bis 2017. Dann mussten wir raus aus dem weißen Palast. Das war aber nicht so schlimm. Wir konnten auch gut woanders leben. Yes, we could!

Commander
First Dog hin, First Dog her! Damit kann ich auch dienen. Seit 2021 habe ich als Nachfolger von Champ nämlich Anspruch auf einen Platz in diesem großen weißen Haus. Ich bin ein Schäferhund und ein Geschenk der Familie an mein Herrchen. Allerdings habe ich mir das mit dem Haus etwas verdorben: Ich habe einen Sicherheitsbeamten gebissen und musste deshalb leider wieder ausziehen. Mal sehen, was daraus wird ...

Susan
Ich bin Susan und ich war die Erste! Von mir stammen all die anderen spitzohrigen Walisischen Hütehunde ab, die mein Frauchen im Laufe ihres Lebens um sich hatte. Ungefähr 14 Generationen lassen sich in direkter Linie auf mich zurückführen. Frauchen hat jeden von uns inniglich geliebt. Deshalb durfte ich sogar mit auf Hochzeitsreise gehen. Das war 1947 und es ging unter anderem zum Balmoral Castle nach Schottland. Ich war übrigens das Geburtstagsgeschenk ihrer Eltern zu ihrem 18. Geburtstag. Toller Griff! Heute ruhe ich im Park von Sandringham.

Auflösung auf Seite 54

Hunde im Comic

Jedes kleine Kind wünscht sich einen Hund als Freund und Spielgefährten! Auch wenn dieser Wunsch nicht immer in Erfüllung geht, muss kein Mädchen und kein Junge ohne liebgewonnenen Vierbeiner aufwachsen. Dafür sorgen die vielen Zeichentrickfiguren, die uns von Kindesbeinen an bis ins hohe Erwachsenenalter begleiten. Die Hunde von Charlie Brown, Micky Maus, Obelix & Co. sind uns allen stets lustige und liebevolle Kumpanen gewesen. Sieben davon tummeln sich in nebenstehendem Rätsel. Sicherlich kennen und erkennen Sie die meisten Hunde in den Bildern.

- kurz: hallo
- nicht gut bei Stimme
- Silbe: Leben
- knapp bemessen

- Ton-geschlecht
- späte Tages-zeiten
- Hühner-produkt
- engl.: nein
- angriffs-lustig, beißfreudig
- Sing-vögel
- unberührte Umgebung
- Kosmos
- Aufguss-getränk

- Schnellzug (Abk.)
- nord. Hirsch
- unverhei-ratet
- lateinisch: bete
- unter-gäriges Bier
- Wochentag

- Blutgefäß
- Stelle, Platz
- italienischer Fluss
- chem. Zeichen: Natrium
- Abk.: Firma
- kurz: Reha-bilitation
- ein halbes Kilo
- Geschichte, Erzählung
- Clou, Gag, Witz
- toter Körper
- Fabrik-schornstein
- englisch: Eis
- mit Stil und Chic gekleidet

- Flächen-maß
- Krawall
- Wonne-monat
- bewegliche Verbindung
- wärmt den Hals
- Jurist
- KfZ.-Kennz.: Essen
- Papageien-vögel (Mz.)
- Nadelbaum
- engl.: Gebrauch
- US-Münze: Adler
- Abgott, Vorbild

- nicht glatt
- englisch: Tinte
- griech. Göttin
- Etage

Auflösung auf Seite 54

REDEWENDUNGEN

Kaum etwas dient so schön als Vorlage für Ausdrucksweisen und Redewendungen wie unsere lieben Vierbeiner. Wir haben hier einige dieser Redewendungen bildlich dargestellt. In freier Interpretation. Erkennen Sie die Ausdrücke, von denen hier die Rede ist?

1

2

3

4

5

6

7

8

9

Auflösung auf Seite 55

SHAR PEIS: SO SCHÖN

Machen Sie es wie diese Hunde: Stehen Sie zu Ihren Falten! Die beiden niedlichen Kleinen im übergroßen Fell sind Shar Peis. Diese Hunderasse stammt aus China, wo Shar Peis schon vor sehr langer Zeit als Wachhunde gehalten wurden. Bei diesen Lebewesen ist es genau umgekehrt wie bei uns Menschen: Die Welpen wachsen im Laufe ihres Lebens in ihr

KÖNNEN FALTEN SEIN!

Fell rein und die Falten glätten sich. Wir haben die beiden Prachtexemplare auf dem rechten Bild einer kleinen Schönheitsoperation unterzogen: An zehn Stellen wurden Falten geglättet oder es wurden sonstige Änderungen vorgenommen. Finden Sie die zehn Fehler zwischen Original und Fälschung?

Auflösung auf Seite 55

WER MACHT DAS RENNEN?

Für die Rätsel auf dieser Doppelseite brauchen Sie ein gutes Auge. Irrgärten und Leinen-Wirrwarr machen das Hundeleben nicht gerade leicht. Unten wollen vier hungrige Mäuler zum Fressnapf. Aber nur ein Vierbeiner wird dort ankommen – vorausgesetzt, Sie können ihm den Weg zeigen.

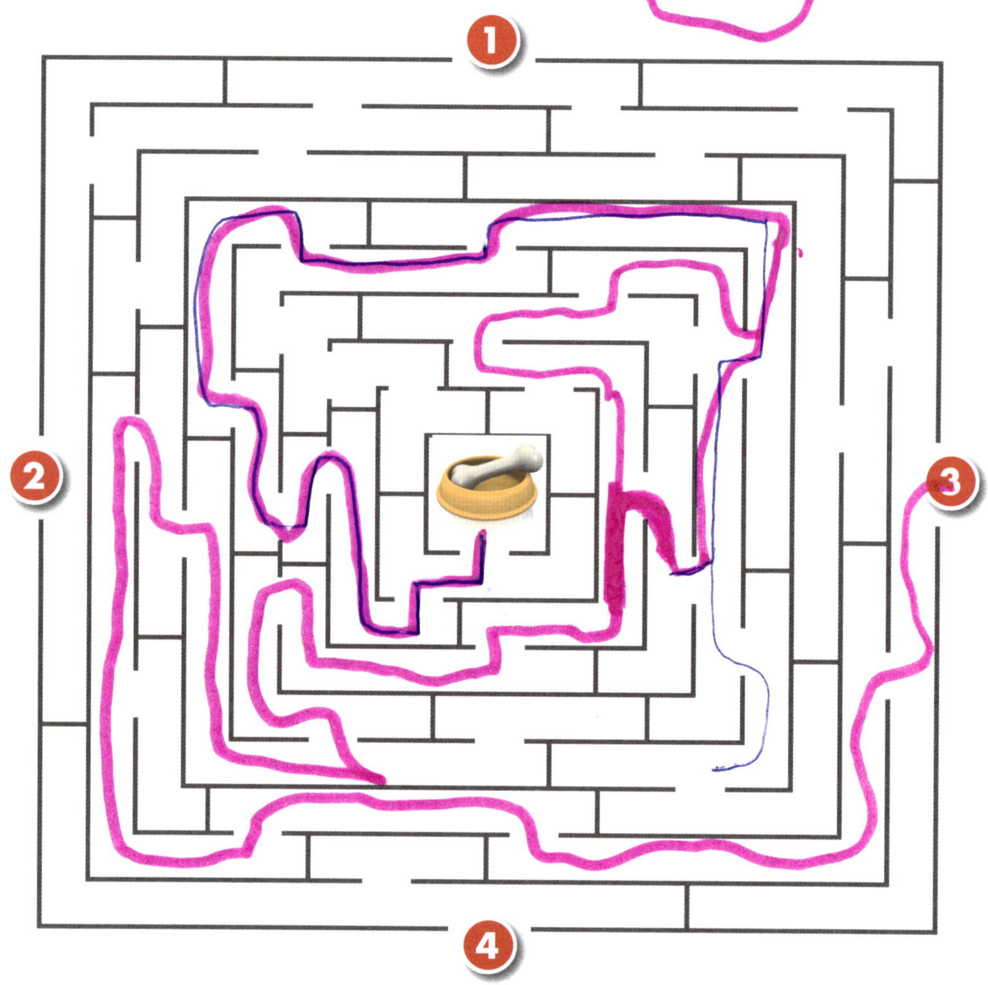

LEINEN LOS!

Fast überall in deutschen Städten gilt die Leinenpflicht. Nehmen wir also unseren Hund an eine solche. Aber welche ist die richtige in diesem Leinen-Chaos?

HUNDEMÜDE …

Unser kleiner Freund fällt fast um vor Müdigkeit. Können Sie ihm den Weg zu seiner Hütte zeigen?

Auflösung auf Seite 56

HIER SPIELT DIE MUSIK!

Hunde in der Musik? Aber ja doch! Viele Künstlerinnen und Künstler bekennen sich zu ihrer Liebe zu Hunden. Mal in einem Liedertext, mal auf einem Coverbild – und manchmal sogar mit ihrem Künstlernamen. Kommen Sie mit auf eine Zeitreise durch die Jahrezehnte.

1. Das Schlagerduo Cindy & Bert veröffentlichte 1970 eine Platte mit dem Titel *Der Hund von Baskerville*. Dabei handelte es sich um eine deutsche Fassung von:

A - *Smoke On The Water* von Deep Purple
B - *Paranoid* von Black Sabbath
C - *Pinball Wizzard* von The Who
D - *White Room* von Cream

2. Calvin Cordozar Broadus Jr. war als Kind Fan der Comic-Serie *Peanuts* und vor allem des berühmten Beagles. Seine Mutter nannte ihn deshalb oft „Snoopy". Mit 20 Jahren verabschiedete sich Broadus von Ghetto und Gangs und machte sich als Rapper und Funkmusiker einen Namen. Welches Pseudonym nutzte er nicht während seiner Karriere?

A - Snoop Doggy Dogg
B - Doggy Style Snoop
C - Snoop Dogg
D - Snoopzilla

3. Das Lied *I Love My Dog* wurde Ende 1966 veröffentlicht und war die erste Schallplatte eines Sängers, der in der Folgezeit eine Reihe von Hits landete. Wem verdanken wir diese Liebeserklärung an seinen Hund?

A - Cat Stevens **B -** Donovan
C - Tom Jones **D -** Marc Bolan

4. Auf Wunsch von John Lennon wurde in einem Beatles-Song nach dem Schlussakkord ein hochfrequenter Pfeifton eingebaut. Wie bei einer Hundepfeife kann dieser Ton nur von Hunden gehört werden. Um welchen Song handelt es sich?

A - *I Am The Walrus*
B - *A Day In The Life*
C - *A Hard Day's Night*
D - *Help!*

5. Der US-Amerikaner Roland Kent LaVoie legte sich Anfang der 70er-Jahre den Künstlernamen Lobo zu, der spanische Begriff für „Wolf". Gleich sein erster selbstgeschriebener Song wurde zu einem Hit. Er hieß: *Me And You And A Dog Named ...*

A - *Goo* **B -** *Drew*
C - *Boo* **D -** *Stew*

6. Im Jahr 1952 schrieben die beiden Autoren Jerry Leiber und Mike Stoller mit *Hound Dog* ein Lied für Big Mama Thornton. In dem Song rechnet die Sängerin mit ihrem Gegenüber ab, der nichts taugt und ein kompletter Reinfall ist. Bis heute wurde *Hound Dog* mehr als 250-mal gecovert. Ein Welthit wurde es erst 1956 – durch welchen Interpreten?

A - Buddy Holly
B - Bill Haley
C - Jerry Lee Lewis
D - Elvis Presley

7. Welcher Sänger textete in einem seiner bekanntesten Lieder:
Liebling, lass uns tanzen,
du wackelst ja wie Kleister.
Mein Hund heißt Fritz oder Franz oder so,
und wenn man ihn tritt, dann beißt er?

A - Udo Lindenberg
B - Otto Waalkes
C - Mike Krüger
D - Marius Müller-Westernhagen

8. Die Jacob Sisters waren ein singendes und gelegentlich schauspielerndes Quartett, das von den 60er- bis in die 80er-Jahre auch über Deutschland hinaus Popularität genoss. Markenzeichen der vier Schwestern waren ihre blonden Beton-Frisuren und ihre vier Hunde, die sie, wo immer es ging, mit auf die Bühnen oder vor die Kameras nahmen. Um Hunde welcher Rasse handelte es sich dabei?

A - Chow Chows
B - Chihuahuas
C - Pudel
D - Dackel

9. *Who Let The Dogs Out?* war 1990 ein großer Hit. Dabei ging es aber nicht um Hunde, sondern um penetrante Typen, die aggressiv und nervend auf ihre Umwelt und vor allem auf Frauen agierten und reagierten. Wie hieß die Gruppe, die diesen Song erstmals veröffentlichte?

A - Gaha Men **B -** Baha Men
C - Daha Men **D -** Waha Men

1. B **2.** B **3.** A **4.** B **5.** C
6. D **7.** D **8.** C **9.** B

Auflösung auf Seite 57

RÄTSELHAFTE

Rund um die Hunderassen werden hier Begriffe gesucht. Alles gewusst? Dann ergibt sich senkrecht das Lösungswort: ein Kleidungsstück für eine ganz bestimmte Art von Hund.

1. Er ist so fidel! Ein Leben ohne ihn ist möglich, aber sinnlos (Loriot)
2. Blauäugiger Schlitten-Zieher
3. Ob englisch oder französisch: hochgezüchtetes Kraftpaket
4. Sein prominenter Vertreter: Snoopy
5. Eine nordamerikanische Halbinsel im Osten Kanadas ist sein Namensgeber
6. Fleckenmonster, 1001-mal im Kinofilm
7. Der Welt Kleinster stammt aus Mexiko
8. Wackelte lange Zeit mit treuem Blick auf der Hutablage im Auto
9. Schlappohr im Hush-Puppie-Schuhverkauf
10. Spielst du mit ihm: Pass auf!
11. Airdale, Fox oder Yorkshire

HUNDEWELT

Hier suchen wir Begriffe aus dem Hundealltag. In den senkrecht gekennzeichneten Kästchen ergibt sich das Lösungswort: ein augenscheinliches Merkmal der treu Ergebenen.

1. Trautes Heim, Glück allein! Das gilt auch für unsere vierbeinigen Freunde
2. Die Lauscher werden hierbei hängen gelassen
3. Rein muss kein Hund sein!
4. Plagegeister im Fell: raus damit, aber schnell!
5. Wenn ein Hund dem Männlichkeitswahn verfällt, dann er
6. Je länger, je lieber. Am besten aber gar nicht
7. Was Frauchen der Schmuck, ist Hundchen das
8. So sind die Vierbeiner auf Partnersuche
9. Damit droht man dem unartigen Hund: Wenn du nicht lieb bist, dann kommst du da hin
10. Hunde-Chef nennt sich oft so
11. Darf beim Hunde-Kaffeeklatsch auf keinen Fall fehlen

Auflösung auf Seite 57

WER BIN ICH UND WAS KANN ICH?

Sechs beliebte Hunderassen stellen sich hier mit ihren charakteristischen Eigenschaften vor. Können Sie die Steckbriefe den jeweiligen Fotos zuordnen?

Fox Terrier

Dackel

Golden Retriever

Beagle

Boxer

Deutscher Schäferhund

1. Ich bin als Familienhund gut geeignet, da ich mit Kindern ebenso gut klarkomme wie mit anderen Hunden und Haustieren. Ich lerne schnell, bin draußen gerne in Bewegung und apportiere mit Leidenschaft. Drinnen bin ich ruhig und genieße die Nähe meiner Familie. Man kann mich aber auch als Rettungs- und Blindenhund ausbilden. Ich freue mich über Aufgaben und Herausforderungen.

2. Wer es schafft, mich mit Geduld, Konsequenz und Bestimmtheit zu erziehen, kann sich auf mich als Begleit- und sogar Wachhund verlassen. Ich bin zwar nicht der größte, bin aber trotzdem mutig, ziemlich lebendig und immer für eine Streich gut. Wenn ich ordentlich erzogen bin, tauge ich auch als zuverlässiger Familienhund, der allerdings viel Bewegung und Auslauf braucht. Mein Bellen mag allerdings nicht jeder.

3. Wer mich ordentlich erzieht und führt, dem bin ich ein verlässlicher Hilfs- und Schutzhund. Ich bin als Blindenhund genauso gut geeignet wie als Rettungshund. Ich bin treu und zuverlässig, schlage aber auch gerne mal über die Stränge und misstraue Unbekannten. Meine Erziehung hört nicht im Welpen-Alter auf, ich brauche klare Ansagen und Aufgaben. Wer mich vernünftig führt, hat ein treues, agiles und zuverlässiges Familienmitglied.

4. Als Wachhund bin ich weniger geeignet, da ich auch Fremden gegenüber nicht misstrauisch bin. Ursprünglich war ich ein Spürhund, deshalb schnüffel und erkunde ich gerne – viel Auslauf vorausgesetzt. Als mittelgroßer Familienhund brauche ich eine ordentliche Erziehung. Auch eine richtige Ernährung ist wichtig, da ich schnell zu Übergewicht neige. Meine großen Schlappohren sind charakteristisch, und auch im Comic mache ich eine gute Figur.

5. Ich bin zwar klein, brauche aber trotzdem meinen Auslauf. Draußen kann ich schnüffeln und graben, mit meinen Menschen spielen, mich verstecken oder apportieren. In der Wohnung suche ich mir gemütliche Plätze, z. B. auf dem Sofa. Auf meine Familie lass ich nichts kommen – und wenn ich glaube, dass Gefahr droht, belle ich oft und lauter als man es mir zutraut.

6. Wer mit mir gut klarkommen will, sollte kein Anfänger sein. Meine Erziehung braucht Durchsetzungsvermögen und Geduld. Aber ich bin verlässlich, freundlich und begeisterungsfähig. Mit mir kann man prima herumalbern. Aber ich bin auch als Wachhund geeignet – schließlich mangelt es mir nicht am nötigen Selbstbewusstsein.

1 Golden Retriever ....
2 Fox Terrier ....
3 Deutscher Schäferhund ....
4 Beagle ....
5 Dackel ....
6 Boxer ....

Auflösung auf Seite 58

HUNDE: WIE GEMALT

Seit Jahrhunderten hält der Mensch Hunde als Haustiere. Und seit Jahrhunderten tauchen Hunde immer wieder in Zeichnungen und Gemälden auf. Oft nur als Randfiguren bei großen Szenen – aber auch immer wieder als zentrale Motive künstlerischen Schaffens. Hier ist eine Auswahl an Hunde-Bildern aus sechs Jahrhunderten. Können Sie die Vierbeiner ihren prominenten Malern zuordnen?

1. Kopf eines Hündchens

2. Windhund

3. Studie Pommerscher Hund

4. Tama, der japanische Hund

5. Fünf Welpen auf dem Teppich

7. Der weiße Hund

6. Kopf eines Laufhundes

8. Schlafender Hund

Franz Marc
1880 - 1916, Deutschland

Édouard Manet
1832 - 1883, Frankreich

Rembrandt van Rijn
1606 - 1669, Niederlande

Leonardo da Vinci
1452 - 1519, Italien

Albrecht Dürer
1471 - 1528, Deutschland

Edvard Munch
1863 - 1944, Norwegen

Pierre-Auguste Renoir
1841 - 1919, Frankreich

Henri de Toulouse-Lautrec
1864 - 1901, Frankreich

Auflösung auf Seite 59

WOLFSWELTEN

Canis Lupus, der Wolf: Von ihm stammen alle Haushunde ab. Über lange Zeit gehetzt und fast ausgerottet, lässt er sich nun wieder regelmäßig in den Wäldern Nord- und Mitteleuropas blicken. Von den einen gefürchtet und verfolgt, von den anderen bewundert, ist er nicht nur in Wald und Wildnis präsent. Auch in Märchen, Fabeln, Mythen, Romanen und Filmen kommt er immer wieder vor. Hier können Sie Ihr Wolfswissen testen.

1. Wölfe leben im Rudel. Ab und an zieht auch ein Wolfspäarchen allein durch die Wildnis und auch einige einsame Wölfe streunen umher. Meist jedoch, um selbst ein Rudel zu gründen. Rudel sind Familenverbände und umfassen in der Regel fünf bis zwölf Tiere. Bei großen Revieren können es aber auch schon mal mehr sein. Wie viele Tiere kann ein Rudel maximal umfassen?

A - Bis zu 20 Wölfe

B - Bis zu 36 Wölfe

C - Bis zu 50 Wölfe

2. Auch in Deutschland wurde der Wolf ab dem 15. Jahrhundert verfolgt und gejagt und war in vielen Teilen der Welt fast ausgerottet. Um die Art zu schützen, stehen Wölfe seit den 80er-Jahren europaweit unter Schutz. Welche Vereinbarung legt das schriftlich verbindlich nieder?

A - EU-Wildlife Convention

B - Berner Konvention

C - Genfer Artenschutz-Abkommen

3. Wölfe verfügen über einen ausgeprägten Geruchssinn, der in etwa um das 14-Fache besser ausgeprägt ist als bei uns Menschen. Bis zu welcher Distanz können Wölfe ihre Beutetiere riechen?

A - 250 m **B -** 750 m **C -** 2,5 km

4. In Deutschland finden wir Wölfe hauptsächlich in Brandenburg, Mecklenburg-Vorpommern, Niedersachsen, Sachsen und Sachsen-Anhalt. Was denken Sie: Wie viele Wolfsrudel gab es 2020/21 in Deutschland?

A - 157 **B -** 520 **C -** 976

5. Als Wolf im Schafspelz bezeichnet man Menschen, die ihre schädlichen Absichten unter einem harmlosen Deckmäntelchen verbergen. Woher stammt dieser Ausdruck?

A - Aus der Bibel

B - Aus den Schriften Goethes

C - Aus Grimms Märchen

6. Im Märchen übernimmt der Wolf ziemlich oft die Rolle des Bösewichts. Hierbei wird die ein oder andere Märchenfigur dann auch gerne von ihm gefressen. Welche Märchenfigur gehört nicht dazu

A - Rotkäppchen

B - Die sieben Geißlein

C - Hänsel

7. Rudyard Kiplings Roman *Das Dschungelbuch* kennt fast jeder. Zumindest in der Fassung als Disney-Zeichentrickfilm. In Buch und Film wird das Findelkind Mowgli (Mogli) im Urwald von einer Wolfsmutter angenommen und wächst im Rudel auf. Wie heißt der Leitwolf dieses Rudels?

A - Rakscha **B** - Akela

C - Shir Khan

8. In Fabeln haben alle Tiere eigenständige Namen. Der Fuchs heißt Reinecke, der Hase Meister Lampe und den Bär kennen wir als Petz. Wie aber heißt der Wolf in der Fabel?

A - Grimbart **B** - Adebar

C - Isegrim

9. Er war der meistgesehene Kinofilm des Jahres 1991 und das Regiedebut von Kevin Costner, der den Film koproduzierte und auch die Hauptrolle spielte. Ein Wolf spielte ebenfalls eine zentrale Rolle in dem außergewöhnlichen Western. Der hieß:

A - *Wer mit dem Wolf tanzt*

B - *Der, der mit dem Wolf tanzt*

C - *Der mit dem Wolf tanzt*

10. Der 1906 erschienene Roman *Wolfsblut* wurde mehrfach verfilmt. Er beschreibt das Leben des kleinen Wolfsblut, der eine Wolfshündin als Mutter und einen Wolf als Vater hat. Von einem wilden, kampfeslustigen Tier wandelt sich der Kleine im Laufe der Zeit in ein zahmes, an Mensch und Zivilisation angepasstes Wesen. Wer hat das Buch geschrieben?

A - Jack London

B - Herman Hesse

C - Daniel Defoe

1.	**2.**	**3.**	**4.** ....
5.	**6.**	**7.**	**8.** ....
9.	**10.**		

Auflösung auf Seite 59

KREUZ UND QUER DURCHS HUNDELEBEN

Waagerecht:

7) Größenmaß zwischen Rücken und Hals
10) Bei Waldi und bei Knecht Ruprecht
11) Die Kerle unter den Hunden
12) Behaarte Riechorgane lassen uns liebevoll auf den Hund kommen
13) Zeichen, das 50 waag. im Nummernschild tragen würde
15) Als Über- oder Unter...: Meist tut er weh
16) Darauf steht jeder Hund
17) Mund beim Hund – oder bei Berlinern
20) Halt! Hier ist der Übergang von der Nasenwurzel zur Schädelkalotte gefragt
22) Man muss auch mal Nein sagen können
24) Im Ring gefeiert, als Shorts getragen, als Hunderasse anerkannt
25) Hochwertige Farbe, geht oft 65 waag. voran
29) Wird durch Hütehunde beschützt
31) Ohne viel Farbe
34) So sind sie, wenn sie paarungswillig sind
35) Die Gruppe geht gemeinsam auf Jagd
36) In einem Rutsch geborene Welpen
37) Hochgefährlich, diese Virusinfektion, Vorsicht vor dem Biss!
39) Wer die gefunden hat, hat auch die Fährte
41) Immer zwei sind dabei
42) Was dem Hund die Pfote, ist die dem Menschen
44) Behältnis zur fünften Stunde ist nichts für kleine Hunde (englisch)
45) Die Uhr zeigt, was sie geschlagen hat
46) Von Frauchen Geliebte, von Hundchen Gehasste
47) Geht's langsam voran, ist Fox nicht Terrier sondern Tanz
48) Schlanke, hochbeinige Luftikusse
50) Schweizer Nationalhund, läuft nicht immer mit Rum rum
54) Brust und Hinterteil am Boden? Kommando befolgt!
55) Körperseite der Vierbeiner
57) Hunde-Hände
61) Mehr als manchmal, weniger als immer
62) Aufgegossen wird er genossen
63) Kopfbedeckung für eine gelockte Hunderasse
65) Apportierhund, der oft 25 waag. folgt

Senkrecht:

1) Der Name sagt's: Er ist nicht der größte unter den Hunden
2) Wuff und Wau
3) Gegen ihn hilft nur Entspannung
4) Es ist soweit: Paarungszeit
5) Er liegt auf Halde
6) Obwohl der Name es vermuten lässt: Er gehört nicht zur Familie Canidaea
8) Bei berühmtem Hund geht das Tin Tin voran
9) Hundedame, steht auf Strolche
13) Hündischer Filmfreund von Fuchs Cap
14) Hängt beim Hecheln aus dem Maul
18) Sein besonderes Kennzeichen: blaue Lefzen, blaue Zunge
19) Hier sind Tiere zu besichtigen
21) Wem es an die Gurgel geht, dem geht es an sie
23) Jeder Hund läuft auf ihr, vorne mal fünf und hinten mal vier
26) Ein großer Schmusebär, dieser kanadische Insulaner
27) Kindermund tut's Hundi kund
28) Canis Lupus Familiaris
30) Verwildeter australischer Haushund
32) Starrköpfigkeit macht sich hier breit
33) Einzelne Teile kommen hier zusammen
36) Hört der Hund „Bleib!", dann soll er das tun
38) Schlecht, wenn diese Farbschicht ab ist
40) Findet Verwendung im Hundefutter
41) Hochgebirge in Zentralasien
43) Vor Dorant wirkt es dufte
45) Ein Fall von Fall
48) Junge Hunde
49) Da kommt Hass auf (engl.)
51) Holland hier ganz kurz
52) Trägt man in England auf dem Kopf
53) Lippenbekenntnisse finden bei Hunden damit statt
54) Gaul, Mähre, Ross, Klepper, Zossen
56) Zu beseitigende Hunde-Hinterlassenschaft
58) Musiktheater, nur manchmal komisch
59) Da kommt Missgunst auf
60) Ort für französische Straßenhunde
64) In England trocken

Auflösung auf Seite 60

BILDLICH GESPROCHEN

1. Sherlock Holmes kam ihm auf die Schliche (3 Wörter)

M=V

~~**D**~~

M=B

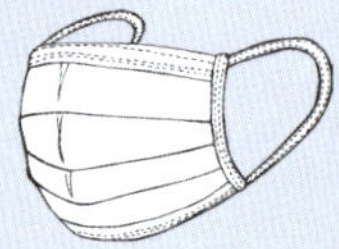

R

A=E

2. Ein Muss, wenn Fiffi muss (2 Wörter)

G

E=I

R=G

~~**TE**~~

3. Hunderasse, partiell namensgleich mit bekanntem Rocksänger (2 Wörter)

H=C

N=L

4. Zur Hölle mit dem Hund!

O=E

5. Wer sich pudelwohl fühlt, der ist auch so.

6. Wer sich gehörig aufregt, der ist auch so

S

B=W

7. Antike Gründerväter, von der Wölfin gesäugt (3 Wörter)

~~**T**~~

~~**PE**~~ ~~**K**~~ ~~**S**~~

UND R

8. Verharmlosend täuschend Verkleideter (3 Wörter)

 IM  S 

9. Er bedeutet Redeverbot

 S=L 

10. Nachsicht fürAnfänger

G=W B=P  ~~TE~~ A=U 

11. Hunderasse: klein, kompakt und etwas kurzatmig (2 Wörter)

K=F  Ö T=S  A=U  K=D 

1 □□□□ □□□ □□□□□□□□□□□

2 □□□□□ □□□□□

3 □□□□□□ □□□□□□□

4 □□□□□□□□ 5 □□□□□□□□□

6 □□□□□□□□□□□□□□□□

7 □□□□□□□ UND □□□□□

8 □□□□ IM □□□□□□□□□□

9 □□□□□□□□

10 □□□□□□□□□□□□

11 □□□□□□□□□□□□ □□□□□□□□□

Auflösung auf Seite 60

DENKSTE!

Nicht überall, wo Hund dran steht, ist auch Hund drin! Was auf den ersten Blick scheint, als sei es unseren geliebten Vierbeinern zugehörig, entpuppt sich bei näherem Hinsehen als komplett artfremd.
Hier stellen sich acht Dinge vor, die rein gar nichts mit Hunden zu tun haben. Kommen Sie diesen Sachen auf die Spur?

1

Eigentlich legt mein Name nahe, dass ich eine ganz spezielle Unterart einer bestimmten Hunderasse darstelle. Eine Unterart, bei der es irgendwie besonders rundzugehen scheint. Die Rasse, die in meinem Namen vorkommt, ist zum Beispiel von Loriot über alles geliebt worden.
Ich war mal ein Tier. Zwar kein Hund, aber immerhin ein Tier. Jetzt hat man mich zum Fressen gern. Ob Loriot mich auch gemocht hat, weiß ich leider nicht genau. Ich glaube aber doch, denn schließlich macht sauer lustig. Und lustig war Loriot ja immer irgendwie.

2

Ich bin ein Gericht der Wiener Küche und unter der Nummer 161 im Register der Traditionellen Lebensmittel des österreichischen Bundesministeriums für Landwirtschaft, Regionen und Tourismus eingetragen. Mit einer bekannten Hunderasse, die ganz früher mal bei einem Brettspiel aufpassen musste, habe ich rein garnichts zu tun. Dafür bin ich viel zu abgekocht!

3

Nein, ich bin kein niedrigtemperierter Vierbeiner! Ich bin eine schon lange existierende ungebackene Backware. Als solche trage ich viele Namen. Hier ist aber nur einer, der gängigste nämlich, gesucht. Ich bestehe aus einer Kakao-Kokosfett-Creme und aufgeschichteten Butterkeksen. Lecker!

4

Wäre ich ein Haushund, dann wäre ich mal riesig, mal zwergig, aber immer ziemlich rauhaarig und zuverlässig. In diesem Fall bin ich aber kein Hund, sondern eine volkstümliche Bezeichnung für ein Ding, das manche Männer im Gesicht haben. Oft werde ich auch „Pornobalken" genannt. Das kann ich aber gar nicht leiden!

5

Mein Name mutet etwas gewalttätig an. Dabei bin ich beileibe kein Hundewesen, das armen Lämmern das Schweigen beibringt. Zerstören und vernichten möchte ich aber schon. Das kann hier mal aktenkundig festgehalten werden. Allerdings wendet sich mein Tun nur gegen tote Gegenstände. Die allerdings mache ich kurz und klein, damit niemand jemals mehr irgendetwas damit anfangen kann.

6

Bei mir geht nicht nur ab und an mal was daneben. Ich gerate ausnahmslos immer komplett aus der Bahn und lande rechts oder links in der Gosse. Mit mir kann man wirklich nicht punkten. Insofern bin ich auch nicht sehr beliebt. Vor allem nicht bei Freizeitsportlern, die gerne die Kugel ins Rollen bringen. Viel beliebter ist dagegen mein fellgelockter Namensvetter.

7

Ja, man könnte sagen, ich heiße genau so, wie der hintere Teil eines Wildhundes. Eines in der Tat fabelhaften Wildhundes. Damit habe ich aber nun wirklich nichts am Hut. Ich bin vielmehr ein Gerät mit dem Zeug zum Werken und gehöre zur Grundausstattung aller Tischler und Heimwerker. Der Tag, an dem die Säge sägen will, das ist mein Tag. Dann gehe ich allen, die es wollen, liebend gerne zur Hand.

8

Viele finden mich total heiß. Andere wiederum meinen, ich sei nur ein armes Würstchen. Warum ich meinen Namen trage, weiß ich nicht. Aber ich nehme mal an, dass ich nichts mit Hunden zu tun habe, obwohl böse Zungen so etwas bisweilen behaupten. Auch ist nicht ganz klar, wer mich erfunden hat. Waren es die Frankfurter, oder stamme ich doch aus den USA?
Wie dem auch sei: Viele Menschen haben mich einfach nur zum Fressen gern!

Die gesuchten Lösungen setzen sich aus diesen Silben zusammen:

DEL - DOG - FEL - FUCHS - HOT - HUND - KAL - MOPS - PU - REISS
ROLL - SCHNAU - SCHWANZ - SPITZ - TA - TER - WOLF - ZER

Auflösung auf Seite 60

WER RECHNET DENN MIT SO WAS?

Hunde und Mathematik? Warum nicht! Jeder Hund in dem unten stehenden Zahlenrätsel steht für eine Ziffer zwischen 1 und 9. Auf der rechten Seite steht jeder Hund für eine natürliche Zahl. Diese kann allerdings auch größer sein als 10. Und wenn Sie sich noch an Ihre Schulzeit erinnern, kennen Sie natürlich die Grundregel „Punktrechnung geht vor Strichrechnung" ...

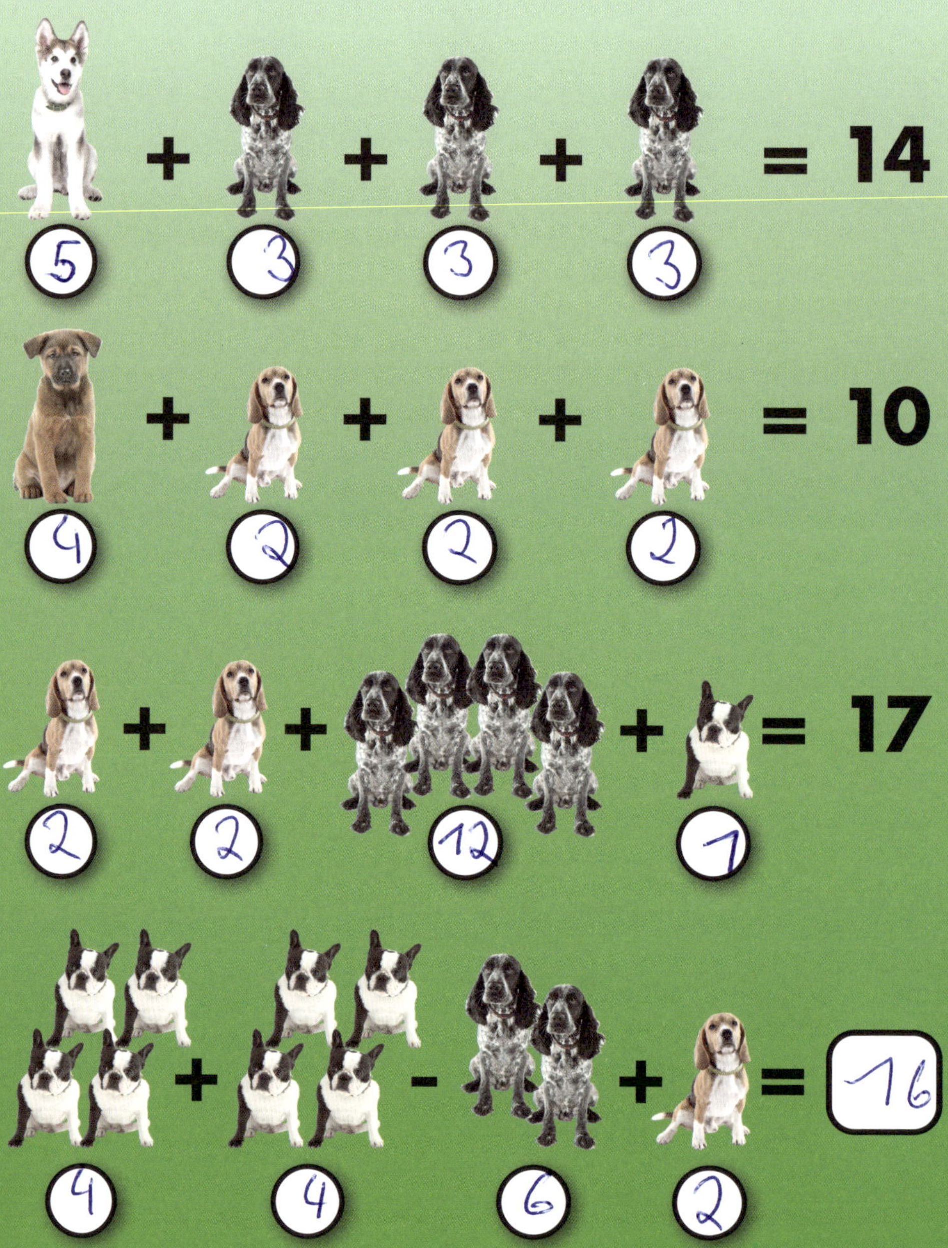

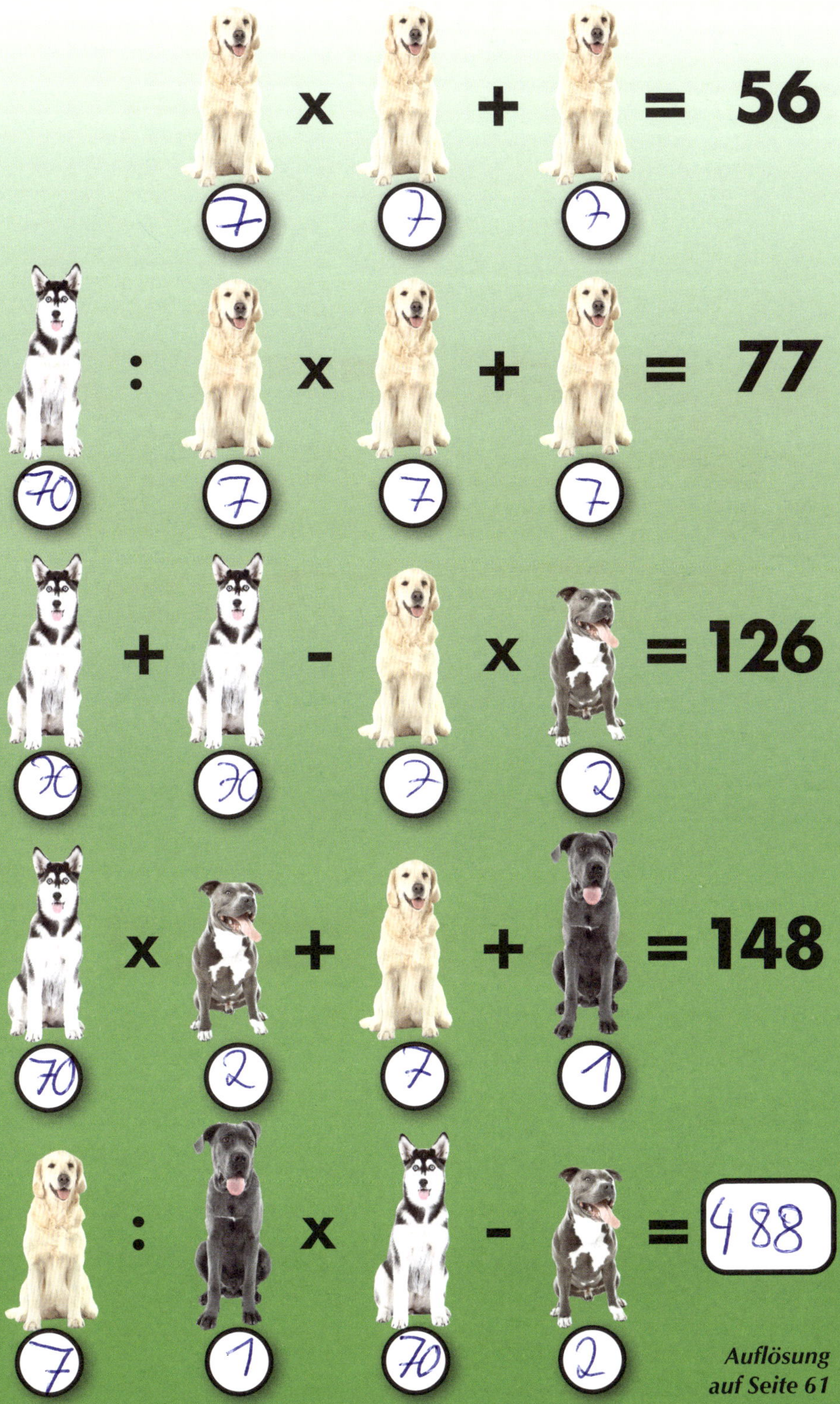

Auflösung
auf Seite 61

VERSTECKSPIEL

Hier spielen eine ganze Reihe von Hunden Verstecken mit uns! In diesem Wortsalat finden Sie waagerecht und auch senkrecht viele verschiedene Rassen verborgen. Wie viele der 21 Hunde können Sie entdecken?

Auflösung auf Seite 61

B	E	R	N	H	A	R	D	I	N	E	R	H
O	D	O	B	E	R	M	A	N	N	O	I	O
B	U	L	L	T	E	R	R	I	E	R	E	V
T	D	A	L	M	A	T	I	N	E	R	S	E
A	F	F	E	N	P	I	N	S	C	H	E	R
I	O	P	R	D	E	L	V	C	S	K	N	W
L	X	U	S	E	K	I	M	O	P	S	S	A
C	T	D	S	P	I	T	Z	W	A	K	C	R
S	E	E	W	I	N	D	H	U	N	D	H	T
D	R	L	R	U	E	X	L	B	I	Q	N	O
A	R	B	A	S	S	E	T	E	E	B	A	H
C	I	B	F	K	E	G	U	A	L	D	U	U
K	E	R	R	I	E	D	O	G	G	E	Z	S
E	R	O	T	T	W	E	I	L	E	R	E	K
L	A	M	H	A	V	A	N	E	S	E	R	Y

DER HUND UND SEINE TEILE

Wo bei einem Hund vorne und hinten ist, wissen selbst Kleinkinder. Schwieriger wird es schon, wenn's ins Detail gehen soll. Manchmal gibt es auch zwei Bezeichnungen, die richtig sein können: Die Ohren des Hundes zum Beispiel können auch „Behang" genannt werden. Einige Begriffe sind allerdings allgemeingültig – wie etwa die unten genannten Bezeichnungen. Sind Sie fit, was die Körperregionen Ihres Hundes betrifft?

1. Daumenkralle
2. Fang
3. Ferse
4. Flanke
5. Kruppe
6. Lefzen
7. Oberschenkel
8. Rute
9. Stop
10. Unterarm
11. Unterschenkel
12. Widerrist

Auflösung auf Seite 62

DOPPELGÄNGER GESUCHT

Auf dem Hundeplatz ist eine Menge los. Unter den mehr als zwei Dutzend Hunden tummeln sich sieben Zwillingspaare. Finden Sie diese heraus?

Auflösung auf Seite 62

BRÜCKENRÄTSEL

Bei diesen Brückenrätseln sind Wörter zu finden, die sowohl mit dem vorangehenden als auch mit dem nachfolgenden Begriff kombinierbar sind. Aus den gelben Kästchen ergeben sich dann – jeweils von oben nach unten gelesen – die beiden Lösungswörter.

LEINEN	PFLICHT	ÜBUNG
ROT	FUCHS	SCHWANZ
BEISS	RING	KAMPF
TREIB	JAGD	FIEBER
FELL	PFLEGE	DIENST
WURM	KUR	SCHATTEN
AUS	U	BURSCHE
WACKEL	C	BLICK
HUNDE	H	KÄSE
HUNDS	E	BUCH
DOBER	N	SCHAFT

MAUL		BALL
TIER		PRAXIS
TOLL		ANFALL
WELPEN		WALL
HUNDE		FLUCHT
BLINDEN		MARKE
HUNDE		GABEL
SPITZ		SUPPE
ROLL		FIDEL

Auflösung auf Seite 63

WIR LÖSEN AUF:

Je nach Charakter und Rasse lassen sich Hunde für spezielle Aufgaben mehr oder weniger gut ausbilden. Manche sind für die Jagd, andere als Herden- und Hütehunde, wieder andere als Such- und Spürhunde besser geeignet. In Schulen und Seniorenheimen werden ausgebildete Hunde als Lesehund oder „Sozialarbeiter“ eingesetzt. In manchen Büros sorgen sie für ein positives Arbeitsklima. Bei vielen Aufgaben ist nicht nur die feine Nase, sondern vor allem auch das feine Gespür der Tiere gefragt. Hier helfen sie uns, den Lösungen der Rätsel auf die Spur zu kommen.

AUF DEN HUND GEKOMMEN *(Auflösung von Seiten 4/5)*

Waagerecht:
1) SCHWEINEHUND, **9)** BASSET, **11)** ASSE, **14)** REUSE, **15)** WAMPE, **16)** WELPENSCHUTZ, **20)** AS, **21)** LUPUS, **24)** URTE, **25)** SE, **26)** DROGEN, **29)** NEO, **30)** DUR, **31)** DARK, **32)** MAULKORB, **33)** ESPE, **35)** SPITZ, **37)** BUESSEN, **38)** EIDE, **40)** ARTIG, **42)** TIGER, **43)** TOELE, **44)** ZU, **46)** REMUS, **47)** KL, **48)** SPE, **50)** HAARE, **52)** NIL, **53)** CL, **54)** LEINE, **55)** PROMI, **56)** ALIEN, **58)** RASCH, **61)** TOM, **62)** GALA, **63)** HOT, **64)** ARGOS, **68)** LESE, **69)** STOECKCHEN

Senkrecht:
1) SCHWANZ, **2)** WAU, **3)** ESSE, **4)** NEWS, **5)** ETA, **6)** HAM, **7)** DEO, **8)** FRESSNAPF, **9)** BELLEN, **10)** SEN, **12)** SPUR, **13)** SETTER, **17)** PUDEL, **18)** HUNDESTEUER, **19** ZECKEN, **22)** PRO, **23)** KERBEROS, **27)** GURU, **28)** GASSI, **30)** DOBERMANN, **34)** PEGEL, **35)** SITZ, **36)** TIERHEIM, **38)** EG, **39)** DREH, **40)** AT, **41)** SCHLITTEN, **45)** BELLO, **47)** KNOCHEN, **48)** SCHOSS, **49)** PLATZ, **51)** AERA, **55)** PAL, **57)** ENG, **59)** SALE, **60)** HOSE, **65)** RE, **66)** OK, **67)** CH

WAHR ODER UNWAHR? *(Auflösung von Seiten 6/7)*

1. Unwahr
Barry existierte in der Tat. Und wahr ist auch, dass er sehr vielen Menschen das Leben rettete. Ein Gerücht ist allerdings das Fässchen Rum, das der Hund immer dabeigehabt haben soll.

2. Unwahr
Zwar gibt es einen Welttag des Hundes, der aber wird jährlich nicht am 11.11., sondern am 10.10. begangen.

3. Wahr
Den Bürgermeisterhund Duke hat es wirklich gegeben. Leider konnte er seinen „Ruhestand" nur noch kurze Zeit genießen.

4. Unwahr
Zwar wird das englische Verb „to barf" mit kotzen, sich übergeben übersetzt, jedoch hat das Ganze nichts mit der Rohfütterung zu tun. BARF steht in diesem Fall ursprünglich für „Born-Again Raw Feeders" und wird im Deutschen als Platzhalter angesehen für biologisch artgerechtes rohes Futter.

5. Unwahr
Die mehr als 10 Millionen Hunde stimmen zwar – aber die Katze liegt mit mehr als 15 Millionen Exemplaren in deutschen Haushalten vorn.

6. Wahr
In der Tat saßen zunächst Struppi und später Jacky in jeder Sendung von 1956 bis 1968 neben ihrem Herrchen Robert Lembke.

7. Wahr
Die Richtung, in der ein Hund mit dem Schwanz wedelt, zeigt tatsächlich die unterschiedlichen Gefühle an, wenn man der italienischen Studie Glauben schenken darf.

8. Wahr
Hunde können bestimmte Erkrankungen des Menschen tatsächlich riechen.

SCHATTENSPIELE

(Auflösung von Seiten 8/9)

1: Spitz

2: Jack Russell

3: Pudel

4: Basset

5: Dalmatiner

6: Rottweiler

7: Labrador Retriever

8: Bullterrier

9: Dackel

10: Foxterrier

11: Deutscher Schäferhund

12: Dobermann

HÄTTEN SIE'S GEWUSST?

(Auflösung von Seiten 10/11)

1-C
Musik und Gesang konnten den Höllenhund Zerberus besänftigen. Weil er den gefährlichen Wächter mit seinem Lyraspiel und seinem Gesang ablenken und milde stimmen konnte, gelangte Orpheus in die Unterwelt, um von dort seine Gemahlin Eurydike in die Welt der Lebenden zurückzuholen. Gelungen ist ihm dieser Plan aber nicht.

2-D
Hunde-Influencer mit ihren Social Media Accounts sind für ihre Besitzer zu einem lukrativen Geschäft geworden. Allen voran Jiffpom mit über **10 Millionen** Followern. Wie man das nun finden soll, wenn der süße kleine Kerl als Weihnachtsmann, Osterhase oder Modemodell seine Fangemeinde beglückt, sei dahingestellt.

3-B
Das Dackel-Kunstwerk aus spielgelpoliertem Stahl ist Teil der Serie *Balloon Dog* des amerikanischen Künstlers **Jeff Koons**. Koons hat nicht nur durch seine Kunstwerke, die sich oftmals zwischen Kitsch und Kunst bewegten, Medienaufsehen erregt, sondern auch durch seine Heirat mit Illona Staller, einer ungarisch-italienischen Politikerin und Pornodarstellerin, die sich Cicciolina nannte.

4-D
„Am Sonntagmorgen kommt der Großmogul nach Rom" ist frei erfunden und nicht Teil des Loriot-Sketches.

5-A
Hunde können keine Rottöne wahrnehmen. Die Farben **Blau, Gelb, Grün** und Violett können sie aber gut sehen und auch unterscheiden.

6-C
Luna und Balu lagen 2021 im Hundenamen-Ranking ganz weit vorne. Aber auch die anderen genannten Namen kamen in die Top-Ten des Jahres.

7-B
Hitlers Hund wurde **Blondi** gerufen.

8-B
Der Klonhund trug den Namen **Snuppy**, eine Abkürzung für: *Seoul National University Puppy*.

9-D
Das lustige Gedicht *Ottos Mops* stammt aus der Feder des österreichischen Lyrikers **Ernst Jandl**. Das Ende des Gedichtes:
„ottos mops kommt
ottos mops kotzt
otto: ogottogott"

10-A
Der sowjetische Raumfahrthund Laika wurde am 3. November **1957** im Rahmen der sowjetischen Mission Sputnik II in den Weltraum befördert. Damit war die Hündin das erste irdische Lebewesen im All. Sie starb bereits einige Stunden nach dem Start wahrscheinlich an Überhitzung und an Stress.

WUFF UND WAU IN KINO UND TV

(Auflösung von Seiten 12/13)

1. In der Fernsehserie hatte Lassie eine ganze Reihe von Herrchen und kam zum Schluss sogar ganz ohne menschliche Hilfe aus. Im Bild ist der kleine **Timmy** zu sehen, der dem Bauernjungen Jeff folgte.

2. In der amerikanischen Fassung verleiht keine Geringerer als **John Travolta** dem kleinen Superhund seine Stimme.

3. Wer bei der Serie gut aufgepasst hat, wird es wissen: Der vollständige Name des Polizeihundes Rex lautet **Reginald von Ravenhorst.**

4. In dem Hundefilm *Marlow und ich* wird die Rolle der Jennifer Grogan von einer bekannten Jennifer gespielt, nämlich von **Jennifer Anniston**.

5. Der Dalmatinerrüde, den Hundedame Perdita als Vater ihrer Kinder auserkoren hat, trägt den Namen **Pongo**.

6. Wer alt genug ist, um sich an die Serie *Rin Tin Tin* zu erinnern, erinnert sich vielleicht auch daran, dass das Fort, in dem der Hund lebte, **Apache** hieß.

7. Der Bernhardiner Beethoven findet Familienanschluss bei den **Newtons.**

WER HAT'S GESAGT?

(Auflösung von Seiten 14/15)

1-G
Doris Day: „Wenn man sehr betrübt ist, gibt einem die stille, hingebungsvolle Gesellschaft eines Hundes etwas, was man nirgendwo anders herbekommt."

2-F
Kurt Tucholsky: „Der eigene Hund macht keinen Lärm - er bellt nur."

3-C
Marilyn Monroe: „Hunde beißen mich nie. Nur Menschen."

4-E
Johnny Depp: „Die einzigen Geschöpfe, die weit genug entwickelt sind, um reine Liebe auszudrücken, sind Hunde und Kleinkinder."

5-A
Franz von Assisi: „Dass mir mein Hund das Liebste sei, sagst du, oh Mensch, sei Sünde, doch mein Hund bleibt mir im Sturme treu, der Mensch nicht mal im Winde."

6-H
Charles de Gaulle: „Je mehr ich über den Menschen weiß, desto mehr liebe ich Hunde."

7-D
Johann Wolfgang von Goethe: „Dem Hunde, wenn er gut gezogen, wird selbst ein weiser Mann gewogen."

8-B
Loriot: „Möpse sind mit Hunden nicht zu vergleichen. Sie vereinigen die Vorzüge von Kindern, Katzen, Fröschen und Mäusen."

HUND SUCHT HERRCHEN ODER FRAUCHEN

(Auflösung von Seiten 16/17)

Daisy war der Yorkshire Terrier des exzentrischen Münchener Modeschöpfers **Rudolph Moshammer.**

Tinkerbell war der Chihuahua der Skandalnudel und Hotelerbin **Paris Hilton.**

Emma ist die Hündin des bekannten Hundetrainers **Martin Rütter.**

Bo (rechts unten im Bild) ist der Hund von US-Präsident **Barack Obama**, der von 2009 bis 2017 im Weißen Haus von Washington regierte.

Auch **Commander** ist Hund eines US-Präsidenten. Der von **Joe Biden**, der das Amt 2021 übernahm.

Susan war der erste Corgie von **Queen Elizabeth II**. Von Susan stammen alle ca. 30 Corgies ab, die die Queen hatte.

HUNDE IM COMIC

(Auflösung von Seiten 18/19)

				H	I		B					
			S	E		E	I				D	A
			U	I		N	O				U	B
	B	I	S	S	I	G		S	T	A	R	E
			I	E				N				N
N	A	T	U	R				O				D
E	L	E	N					O				E
	L	E	D	I	G			P	I	L	S	
			S	C	O	O	B	Y	D	O	O	
			T		O	R	T		E		N	A
			R		F	A		P	F	U	N	D
	S	T	O	R	Y		P	O	I	N	T	E
			L	E					X		A	R
L	E	I	C	H	E					R	G	
	S	C	H	A	L				M	A		G
A	S	E			E	P		T	A	N	N	E
	E		E	A	G	L	E		I	D	O	L
				R	A	U		I		A	T	E
			R	A	N	T	A	N	P	L	A	N
				S	T	O	C	K	W	E	R	K

REDEWENDUNGEN

(Auflösung von Seiten 20/21)

1. Da wird der Hund in der Pfanne verrückt
2. Er steht herum wie ein begossener Pudel
3. Heulen wie ein Schlosshund
4. Bekannt wie ein bunter Hund
5. Da ist der Hund begraben
6. Man sollte keine schlafenden Hunde wecken
7. Das lockt keinen Hund hinter dem Ofen hervor
8. Das also ist des Pudels Kern
9. Den Letzten beißen die Hunde

SHAR PEIS: SO SCHÖN KÖNNEN FALTEN SEIN!

(Auflösung von Seiten 22/23)

WER MACHT DAS RENNEN?

(Auflösung von Seite 24)

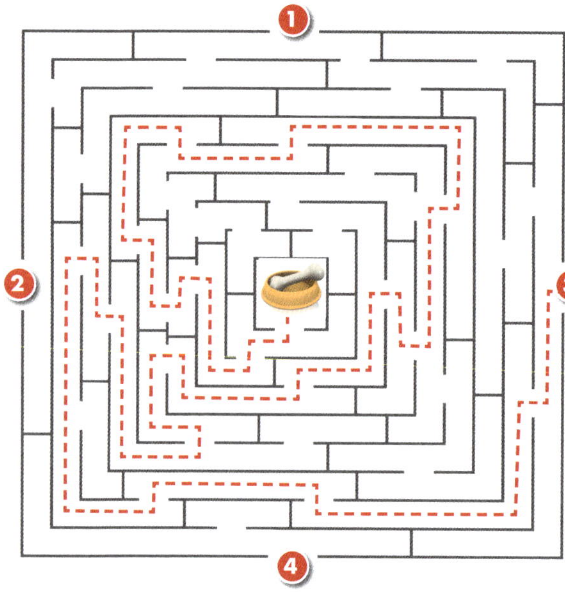

LEINEN LOS!

(Auflösung von Seite 25)

HUNDEMÜDE …

(Auflösung von Seite 25)

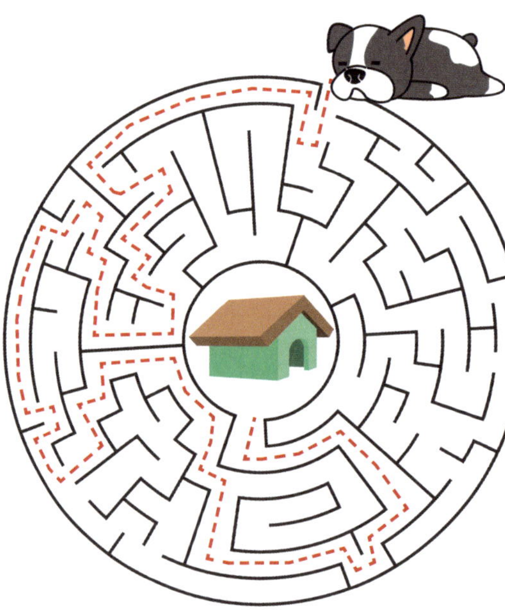

HIER SPIELT DIE MUSIK! *(Auflösung von Seiten 26/27)*

1-B: *Der Hund von Baskerville* war eine deutsche Fassung von Black Sabbath's ***Paranoid***.

2-B: Snoop trat unter verschiedenen Pseudonymen auf, allerdings nie als **Doggy Style Snoop**.

3-A: Eine Katze liebt ihren Hund: Der Sänger Steven Demetre Georgiou gab sich den Künstlernamen **Cat Stevens** und erklärte auf seiner ersten Schallplatte: *I Love My Dog*.

4-B: Den hohen Pfeifton können Hunde am Ende von ***A Day In The Life*** hören. John Lennon wollte damit offenbar Paul McCartney's Shetland Sheepdog „Martha" eine Freude machen.

5-C: Lobo begab sich auf einen musikalischen Roadtrip und sang dazu *Me And You And A Dog Named* ***Boo***.

6-D: Das Lied *Hound Dog* wurde erst in der Interpretation von **Elvis Presley** zum Mega-Hit.

7-D: Die Textzeilen stammen aus dem Lied *Mit Pfefferminz bin ich dein Prinz* von **Marius Müller-Westernhagen**.

8-C: Das Markenzeichen der Jacob Sisters waren vier weiße **Pudel**.

9-B: *Who Let The Dogs Out?* war ein Hit der **Baha Men**.

RÄTSELHAFTE HUNDEWELT *(Auflösung von Seiten 28/29)*

1.				M	O	P	S						
2.					H	U	S	K	Y				
3.		B	U	L	L	D	O	G	G	E			
4.	B	E	A	G	L	E							
5.						L	A	B	R	A	D	O	R
6.			D	A	L	M	A	T	I	N	E	R	
7.		C	H	I	H	U	A	H	U	A			
8.		D	A	C	K	E	L						
9.	B	A	S	S	E	T							
10.		S	P	I	T	Z							
11.					T	E	R	R	I	E	R		

1.			H	U	N	D	E	H	U	E	T	T	E
2.		S	C	H	L	A	P	P	O	H	R	E	N
3.			M	I	S	C	H	L	I	N	G		
4.			Z	E	C	K	E	N					
5.		R	U	E	D	E							
6.						L	E	I	N	E			
7.		H	A	L	S	B	A	N	D				
8.						L	A	E	U	F	I	G	
9.					T	I	E	R	H	E	I	M	
10.		H	E	R	R	C	H	E	N				
11.	H	U	N	D	E	K	U	C	H	E	N		

WER BIN ICH UND WAS KANN ICH?

(Auflösung von Seiten 30/31)

1. Golden Retriever
51 - 61 cm, 28 - 40 kg, 10 - 14 Jahre
freundlich, geduldig, gehorsam, treu
☺ auch für Anfänger geeignet
☹ haart viel, braucht viel Auslauf

2. Fox Terrier
35 - 39 cm, 6 - 8 kg, 11 - 13 Jahre
lebhaft, aufmerksam, treu, stürmisch
☺ einfache Fellpflege, guter Wachhund
☹ kein Anfängerhund, großer Jagdtrieb

3. Deutscher Schäferhund
55 - 65 cm, 22 - 40 kg, 10 - 13 Jahre
selbstsicher, arbeitswillig, beschützend
☺ guter Wachhund
☹ braucht viel Auslauf und gute Erziehung

4. Beagle
33 - 40 cm, 10 - 16 kg, 12 - 15 Jahre
fröhlich, lebhaft, anpassungsfähig
☺ freundlich, liebevoll, ruhig
☹ kein Anfängerhund, bellt häufig

5. Dackel
18 - 26 cm, 5 - 9 kg, 12 - 16 Jahre
willensstark, mutig, neugierig, klug
☺ einfache Fellpflege, guter Wachhund
☹ kein Anfängerhund, braucht viel Auslauf

6. Boxer
53 - 63 cm, 25 - 32 kg, 10 - 12 Jahre
wachsam, fröhlich, intelligent, verspielt
☺ verlässlich, treu, einfache Fellpflege
☹ sabbert, etwas dickköpfig

HUNDE: WIE GEMALT *(Auflösung von Seiten 32/33)*

1. Kopf eines Hündchens: **Pierre-Auguste Renoir**
2. Windhund: **Albrecht Dürer**
3. Studie Pommerscher Hund: **Leonardo da Vinci**
4. Tama, der japanische Hund: **Édouard Manet**
5. Fünf Welpen auf dem Teppich: **Edvard Munch**
6. Kopf eines Laufhundes: **Henri de Toulouse-Lautrec**
7. Der weiße Hund: **Franz Marc**
8. Schlafender Hund: **Rembrandt van Rijn**

WOLFSWELTEN

(Auflösung von Seiten 34/35)

1-B
Die Rudelgröße liegt in der Regel bei fünf bis zwölf Tieren. Wolfsrudel können jedoch bis zu 36 Tiere umfassen.

2-B
In Europa stellt die Berner Konvention von 1980 Wölfe offiziell unter Schutz. In den Staaten der EU wird dieser Schutz 1992 noch durch die Flora-Fauna-Habitat-Schutzrichtlinien erweitert.

3-C
Wölfe können aufgrund ihres ausgeprägten Geruchssinns in der Tat noch Beutetiere ausmachen, die sich in einem Abstand von 2,5 km von ihnen befinden.

4-A
2020/21 gab es in Deutschland 157 registrierte Wolfsrudel.

5-A
Die Redewendung „der Wolf im Schafspelz“ stammt ursprünglich aus der Bibel. Sie wurde allerdings von den Gebrüdern Grimm in dem Märchen *Der Wolf und die sieben Geißlein* übernommen.

6-C
Rotkäppchen landet genauso im Bauch des bösen Wolfs wie die sieben Geißlein. Hänsel und Gretel haben mit der Hexe zu kämpfen.

7-B
Der gute, aber schon etwas altersschwache Leitwolf des Rudels, in dem Mogli groß wurde, heißt Akela. Rakscha war Moglis Wolfsmutter und Shir Khan der böse Tiger, der Schuld daran hatte, dass der Junge von seinen Eltern getrennt wurde.

8-C
Der Wolf trägt in der Fabel den Namen Isegrim. Grimbart ist der Dachs und Adebar der Storch.

9-C
Der US-amerikanische Western mit dem Titel *Dancing with Wolves* lief bei uns unter dem Titel *Der mit dem Wolf tanzt* in den Kinos.

10-A
Wolfsblut entstammt der Feder Jack Londons.

KREUZ UND QUER DURCHS HUNDELEBEN

(Auflösung von Seiten 36/37)

Waagerecht:

7) WIDERRIST, **10)** RUTE, **11)** RUEDEN, **12)** FELLNASEN, **13)** CH, **15)** BISS, **16)** LAUF, **17)** SCHNAUZE, **20)** STOP, **22)** NO, **24)** BOXER, **25)** GOLDEN, **29)** HERDE, **31)** BLASS, **34)** LAEUFIG, **35)** MEUTE, **36)** WURF, **37)** TOLLWUT, **39)** SPUR, **41)** PAAR, **42)** HAND, **44)** TEA-CUP, **45)** STUNDE, **46)** KETTEN, **47)** SLOW, **48)** WINDHUNDE, **50)** BERNHARDINER, **54)** PLATZ, **55)** FLANKE, **57)** PFOTEN, **61)** OFT, **62)** TEE, **63)** PUDELMUETZE, **65)** RETRIEVER

Senkrecht:

1) FIFFI, **2)** BELLEN, **3)** STRESS, **4)** BRUNST, **5)** MUELL, **6)** SEEHUND, **8)** RIN, **9)** SUSI, **13)** CAPPER, **14)** ZUNGE, **18)** CHOW-CHOW, **19)** ZOO, **21)** KEHLE, **23)** ZEHE, **26)** NEUFUNDLÄNDER, **27)** WAUWAU, **28)** HAUSHUND, **30)** DINGO, **32)** STUR, **33)** SET, **36)** WARTEN, **38)** LACK, **40)** PANSEN, **41)** PAMIR, **43)** DEO, **45)** STURZ, **48)** WELPEN, **49)** HATE, **51)** NL, **52)** HAT, **53)** LEFZEN, **54)** PFERD, **56)** KOT, **58)** OPER, **59)** NEID, **60)** RUE, **64)** DRY

BILDLICH GESPROCHEN *(Auflösung von Seiten 38/39)*

1. **HUND** + **V~~M~~ON~~D~~** + **B~~M~~ASKE** + **R** + **VILL~~A~~E** = HUND VON BASKERVILLE
2. **G** + **ASS~~E~~I** + **G~~R~~EH** + **EN~~TE~~** = GASSI GEHEN
3. **~~H~~COCKER** + **SPANIE~~N~~L** = COCKER SPANIEL
4. **K~~O~~ERB** + **EROS** = KERBEROS
5. **MOPS** + **FIDEL** = MOPSFIDEL
6. **FUCHS** + **TEUFEL** + **S** + **~~B~~WILD** = FUCHSTEUFELSWILD
7. **ROM** + **~~T~~UL~~PE~~** + **~~K~~US~~S~~** + **UND** + **R** + **EMUS** = ROMOLUS UND REMUS
8. **WOLF** + **IM** + **SCHAF** + **S** + **PELZ** = WOLF IM SCHAFSPELZ
9. **MAU~~S~~L** + **KORB** = MAULKORB
10. **~~G~~WEL~~B~~P** + **EN~~TE~~** + **SCH~~A~~UTZ** = WELPENSCHUTZ
11. **~~K~~FRANZ** + **Ö** + **~~T~~SISCHE** + **B~~A~~ULL** + **~~K~~DOGGE** = FRANZÖSISCHE BULLDOGGE

DENKSTE! *(Auflösung von Seiten 40/41)*

1. ROLLMOPS
2. TAFELSPITZ
3. KALTER HUND
4. SCHNAUZER
5. REISSWOLF
6. PUDEL (Fehlwurf beim Kegeln)
7. FUCHSSCHWANZ
8. HOT DOG

WER RECHNET DENN MIT SO WAS?

(Auflösung von Seiten 42/43)

1. Rätsel *(Seite 42)*

Jeder Hund steht für eine Ziffer. Wenn Sie den Hunden ihre richtige Ziffer zugeordnet haben, sieht die Rechenaufgabe so aus und als Lösung errechnet sich **4**:

5 + 3 + 3 + 3 = 14

4 + 2 + 2 + 2 = 10

2 + 2 + (4x3) + 1 ⇨ 2 + 2 + 12 + 1 = 17

(4x1) + (4x1) - (2x3) + 2 ⇨ 4 + 4 - 6 + 2 = 4

2. Rätsel *(Seite 43)*

Diese Aufgabe ist schon schwerer zu lösen, da jeder Hund für eine natürliche Zahl steht, die auch größer als 10 sein kann, was bei dem Husky mit 70 der Fall ist. Bei richtiger Zuordnung der Zahlen ist **488** das Ergebnis dieses Rechenrätsels.

7 x 7 + 7 = 56

70 : 7 x 7 + 7 = 77

70 + 70 - 7 x 2 = 126

70 x 2 + 7 + 1 = 148

7 : 1 x 70 - 2 = 488

VERSTECKSPIEL

(Auflösung von Seite 44)

B	E	R	N	H	A	R	D	I	N	E	R	H
O	D	O	B	E	R	M	A	N	N		I	O
B	U	L	L	T	E	R	R	I	E	R	E	V
T	D	A	L	M	A	T	I	N	E	R	S	E
A	F	F	E	N	P	I	N	S	C	H	E	R
I	O	P			E				S		N	W
L	X	U			K		M	O	P	S	S	A
	T	D	S	P	I	T	Z		A		C	R
	E	E	W	I	N	D	H	U	N	D	H	T
D	R	L			E			B	I		N	
A	R	B	A	S	S	E	T	E	E		A	H
C	I				E			A	L		U	U
K	E					D	O	G	G	E	Z	S
E	R	O	T	T	W	E	I	L	E	R	E	K
L			H	A	V	A	N	E	S	E	R	Y

DER HUND UND SEINE TEILE *(Auflösung von Seite 45)*

DOPPELGÄNGER GESUCHT *(Auflösung von Seiten 46/47)*

BRÜCKENRÄTSEL *(Auflösung von Seite 48)*

LEINEN	PFLIC**H**T	ÜBUNG
ROT	F**U**CHS	SCHWANZ
BEISS	RI**N**G	KAMPF
TREIB	JAG**D**	FIEBER
FELL	PFL**E**GE	DIENST
WURM	**K**UR	SCHATTEN
AUS	LA**U**F	BURSCHE
WACKEL	DA**C**KEL	BLICK
HUNDE	**H**ÜTTEN	KÄSE
HUNDS	TAG**E**	BUCH
DOBER	MAN**N**	SCHAFT

MAUL	**K**ORB	BALL
TIER	**A**RZT	PRAXIS
TOLL	WU**T**	ANFALL
WELPEN	SCHUT**Z**	WALL
HUNDE	STEU**E**R	FLUCHT
BLINDEN	HU**N**DE	MARKE
HUNDE	**K**UCHEN	GABEL
SPITZ	KOH**L**	SUPPE
ROLL	M**O**PS	FIDEL

Für alle Rätselfreunde!

Unsere originellen und abwechslungsreichen Rätselbücher gibt es für viele Dekaden,

für Städte und Regionen

und für einzelne Themen.

Wartberg-Verlag GmbH
Im Wiesental 1
34281 Gudensberg-Gleichen
Telefon: (0 56 03) 93 05 - 0
Telefax: (0 56 03) 93 05 - 28
E-Mail: info@wartberg-verlag.de
www.wartberg-verlag.de

Sie suchen ein Buch…

… über Ihren Jahrgang?
… über Kindheitserinnerungen?
… über Ihre Stadt oder Region?
… mit regionalen Rezepten?

Sie finden es unter www.wartberg-verlag.de